Tiefdruckgebiete im Kopf

Für N. und T.,
denn wir vererben ihnen unser Denken

Gerik und Tami Chirlek

Tiefdruckgebiete im Kopf

Ein Leben mit Depression

gerik CHIRLEK / Edition 24tc
2014

Bibliografische Information der Deutschen Nationalbibliothek:
Die Deutsche Nationalbibliothek verzeichnet diese Publikation in der Deutschen Nationalbibliografie; detaillierte bibliografische Daten sind im Internet über http://dnb.dnb.de abrufbar.

© 2014 gerik CHIRLEK / Edition 24tc
Herstellung und Verlag: BoD - Books on Demand, Norderstedt
ISBN: 978-3-7357-3706-9

Inhalt

1 Verletzte Gefühle, verletzte Seele 7

Tagebuchauszug: Es ist so anders 21

2 Was ist eine Depression? 25

2.1 Depressionsspirale 28

Tagebuchauszug: Ich bin nicht wichtig 31

3 Ursachen - Wodurch kann eine Depression entstehen? 34

3.1 Warum ausgerechnet ich? 38

3.2 Ursachen bei Kindern und Jugendlichen 41

3.3 Persönliche Sicht 43

Tagebuchauszug: Unter vielen allein 47

4 Anzeichen einer Depression 53

4.1 Hauptsymptome / Zusatzsymptome 56

4.2 Denken- Fühlen- Handeln- körperliche Beschwerden 59

4.3 Symptome bei Kindern und Jugendlichen ...64

4.4 Symptome während einer manischen Phase 66

Tagebuchauszug: Dein Schweigen 67

5 Formen - Depression ist nicht gleich Depression 71

5.1 Variante der Unterscheidung 74

5.2 Klassifikation nach ICD 10 77

Tagebuchauszug: Eine andere Wahrheit 79

6 Depression - eine Tablette und es ist alles gut? 83

Tagebuchauszug: Du tust mir weh 87

7 Selbsttest 91

Tagebuchauszug: Chaos im Kopf 95

8 Behandlung einer Depression 99

8.1 Diagnose 102

8.2 Behandlungsmethoden 104

8.2.1 Psychopharmakologische Behandlungsmethoden 105

8.2.2 Psychotherapeutische Behandlungsmethoden 107

8.2.3 Weitere mögliche Behandlungsmethoden 109

8.2.4 Anwendbarkeit 111

8.2.4.1 Im Zusammenhang mit Bindungsunsicherheit ... 112

8.3 Hürden für eine erfolgreiche Behandlung 114

Tagebuchauszug: Die Angst, dich zu verlieren 117

9 Leben mit Depression 121

9.1 Selbstbild eines depressiven Menschen 126

9.2 Depressive Denkfehler 128

9.3 Folgen einer Depression 129

9.4 Vom Suizidplan bis zum Selbstmord 131

9.5 Was kann man tun? 134

Tagebuchauszug: Immer wieder ich 137

10 Der Umgang mit einem Depressiven 143

Tagebuchauszug: Wir hatten doch noch Pläne 149

11 Linktipps 153

12 Adressen und Links 157

Literaturverzeichnis 161

Abbildungsverzeichnis 167

Tabellenverzeichnis 167

1 Verletzte Gefühle, verletzte Seele

- Ich bin nichts.
- Ich kann nichts.
- Das Leben hat keinen Sinn mehr.

Ein Balanceakt zwischen ganz viel

Die meisten kennen wohl die Situation, in der man sich entnervt bildlich die Haare rauft und das Gefühl hat, dass alle um einen herum buchstäblich vom Wahnsinn gebissen sind. Nicht selten mischt sich in die Situation der Gedanken "ich dreh gleich durch". Tatsächlich aber lastet in den Momenten bereits eine Menge auf der Seele und es bedarf wirklich nicht mehr viel, was das berühmte Fass zum Überlaufen bringt. Doch das ist weder ungewöhnlich noch ein Anzeichen einer psychischen Erkrankung. Letztlich steht jeder Mensch der täglichen Herausforderung gegenüber, eine Balance zwischen Gefühlen, Beziehungen, eigenen und fremden Erwartungen zu finden. Das fällt nicht immer gerade leicht und ob bzw. wie gut uns das gelingt, hängt von reichlich vielen individuellen Gegebenheiten ab.

Gefühle als fester Bestandteil unserer Persönlichkeit

So ist es nachvollziehbar, wenn wir uns bei Erfolgen freuen und in belastenden Situationen traurig, enttäuscht oder auch verärgert und unzufrieden reagieren. Gefühle wie bspw. Freude, Traurigkeit und Angst sind feste Bestandteile unserer Persönlichkeit. Und wir alle kennen die Momente, in denen wir einfach zu nichts zu bewegen sind. Ein Streit oder gar die Trennung von der besten Freundin kann uns buchstäblich lähmen. Wir bemerken, wie schnell wir alles verlieren können, wie verletzbar das noch gerade erlebte Glück sein kann. Sicherlich können wir uns auch vorstellen, was derjenige empfindet, der den Verlust eines geliebten Menschen akzeptieren muss, der akut von Arbeitslosigkeit bedroht ist oder sich einer Aufgabe ausgesetzt fühlt, die er nicht zu bewältigen weiß. Sie alle können den Menschen aus dem Gleichgewicht geraten lassen. Und wenn wir darüber nachdenken, wie sehr wir in den Situationen innerlich aufgewühlt wären, kann ein Unbeteiligter möglicherweise durchaus an uns Stimmungsschwankungen oder auch ein Stimmungstief wahrnehmen. Doch genau an dieser Stelle zeigt sich, ob es sich um eine vorübergehende Gefühlssituation handelt. Denn so lähmend und traurig wir eine Situation auch empfinden mögen, es gelingt uns meistens dennoch, wenigstens kurz dieser zu entschwinden, sich auf Anstehendes zu konzentrieren, uns abzulenken. Doch die Ereignisse können auch so tief einschneidend sein, dass sie in uns manches durcheinander geraten lassen. Möglicherweise rückt unser Stimmungstief mit aller Traurigkeit und Niedergeschlagenheit oder auch emotionaler Leere nicht mehr von unserer Seite. Das geliebte Hobby, auch das Lieblingslokal sind uns so egal geworden, und es scheint, dass allmählich auch unser Körper rebelliert. - Ein Bündel dem wir hilflos ausgesetzt sind, welches uns den Alltag zu meistern und Aufgaben zu bewältigen schlichtweg erschwert. Doch auch Anzeichen, selbst wenn wir es nicht wahrhaben wollen, die auf eine Depression hinweisen können. Doch was heißt das konkret?

> Gefühle gehören zur Persönlichkeit. Erst eine spezifische Konstellation von Symptomen, ihre Intensität und Dauer verwandeln das normale Erleben in krankhaftes Leid.

Pflaster für die Seele

Spricht man von Depression haben die meisten eine ungefähre Idee, um was es sich handelt und davon, dass es viele betrifft und sie selbst schon mal nicht. Schließlich sei man normal, schon immer gewesen. Normal? Was heißt das? Um nicht in philosophische Verstrickungen zu geraten und dennoch darin zu enden, dass jeder seine eigene Definition hat, beschäftigen wir uns lieber mit dem Thema an sich.

Der Körper sendet Signale, wenn etwas nicht stimmt. Fieber ist ein Beispiel - und die wenigsten kennen nicht mindestens ein, zwei überlieferte Hausmittelchen dagegen. Auch unsere Seele sendet Signale, wenn sie verletzt ist. Doch wir reagieren nicht mit gleicher Sicherheit. Es ist eben kein sichtbarer Schnupfen, sondern irgendwas in uns drin, was aus dem Gleichgewicht geraten ist. Hätten wir uns in den Finger geschnitten, wüssten wir die Wunde mit einem Pflaster zu versorgen. Doch ein Pflaster für die Seele? Für Betroffene und Angehörige die Herausforderung zu erkennen, ob die seelischen Verstimmung bereits Anzeichen einer Erkrankung enthält. Warum es eine Herausforderung darstellt, wird gleich sichtbar.

Depressionen sind nicht selten

Zunächst - was ist eine Depression? Allgemein gesagt: "... eine weit verbreitete psychische Störung, die durch Traurigkeit, Interesselosigkeit und Verlust an Genussfähigkeit, Schuldgefühle und geringes Selbstwertgefühl, Schlafstörungen, Appetitlosigkeit, Müdigkeit und Konzentrationsschwächen gekennzeichnet sein kann. ..." (WHO, o. J.). Symptome, die also jedem schon einmal in irgendeiner Form begegnet sind. Oft werden derartige Verstimmungen, bis hin zu Krisen durch Familie, Freunde oder bereits Abwechslung aufgefangen, manchmal aber eben auch nicht. So kann beinahe unbemerkt eine Depression entstehen, die therapiert werden kann und muss. Es ist nun auch nicht weiter verwunderlich, dass von Depressionen sowohl Frauen als auch Männer sowie Kinder und Jugendliche betroffen sein können. Um einmal Zahlen zu nennen: Nach WHO-Aussage leben weltweit etwa 121 Menschen mit einer Depression (vgl. BMBF, 2013). Allein in Deutschland gibt es im Jahr 2011 etwa 4 Millionen behandlungsbedürftige depressive Menschen (vgl. Hegerl, 2011). Wenn man bedenkt, dass es zu gleicher Zeit in Deutschland ca. 81 Millionen Einwohner gibt (vgl. Destatis, 2012), sprechen wir also von 5 % aller Einwohner, die unmittelbar an einer Depression leiden (vgl. Hegerl,

2011). Im Verlauf eines Lebens, wird gar jeder zweite bis dritte Mensch mit einer Depression zu kämpfen haben (vgl. Wewetzer, 2009, S. 1).

Geht man also davon aus, dass psychische Erkrankungen genauso weit verbreitet sind wie bspw. ein grippaler Infekt und die Dunkelziffer weitaus größer ist, verwundert es nicht, dass Depressionen die zweithäufigste Ursache für Arbeitsunfähigkeit bilden (vgl. WIDGE.de, 2013).

Die heimliche Depression

Es scheint damit beinahe ein Phänomen zu sein, dass diese durchaus schwerwiegende Erkrankung innerhalb der Gesellschaft tabuisiert wird. Einem Prominenten wird eine Depression noch zugestanden, aber einem Mitmenschen aus dem eigenen Umfeld?

Seelische Zustände sind anders als bspw. ein gebrochenes Bein äußerlich schwer erfassbar. Während wir alle im Verlauf unseres Lebens sicherlich schon einmal den Satz gehört oder auch selbst gesagt haben "Nun reiß dich mal zusammen!" oder "Mit etwas Willen geht das schon!", kommen wir gar nicht erst auf die Idee, jemanden mit einem Gipsbein zu sagen, dass er durchaus auch schneller laufen könnte, wenn er nur wollte. Unsere verletzte Seele ist - in dem Fall leider - nicht so offensichtlich, und der Mensch möchte sich so gern mit eigenen Augen von einer Tatsache überzeugen.

Der Betroffene selbst schweigt sich mehrheitlich über sein Empfinden aus. Oft könnte er selbst nicht mal so richtig zum Ausdruck bringen, woher sein momentanes Stimmungstief kommt. Da ist plötzlich Traurigkeit, Lustlosigkeit, da sind Schlafstörungen, ohne offensichtlichen Grund. In Annahme, ohnedies auf Unverständnis seiner Mitmenschen zu treffen, versucht er noch so lange wie möglich den gesellschaftlichen Erwartungen und währenden Leistungsdruck stand zu halten und bemerkt für sich, sein Leben nicht mehr unter Kontrolle zu haben, sich diesem gar hilflos gegenüber ausgesetzt zu fühlen. Nicht selten ist Angst die Folge und der Betroffene beginnt, sein Leben in Frage zu stellen. Während er sich kraftlos fühlt, wirkt er auf Unbeteiligte eher launisch und pessimistisch. Umso schwerer gelingt es einzuschätzen, ob sich tatsächlich noch um eine vorübergehendes Stimmungsänderung handelt, oder sich gar eine Depression abzeichnet. Nicht ungefährlich, da es sich bei einer Depression um eine sehr ernst zu nehmende Krankheit handelt, mit nicht nur vielen Varianten, unterschiedlichen Verläufen und Schweregraden, sondern sogar einen möglichen tödlichen Verlauf, im Sinne eines Suizids. Allein in Deutschland setzen jährlich etwa 9.000 Menschen ihrem Leben freiwillig ein Ende, in mindestens 90 % litten die Menschen akut an einer Depression und suchten im Suizid einen Ausweg aus ihrer scheinbar unerträglichen Situation (vgl. Wewetzer, 2009, S. 2). Doch um den Schweregrad der Krankheit tatsächlich einzuordnen, müsste man nicht nur die hohe Anzahl an Suizidversuchen hinzurechnen, sondern auch eine große Dunkelziffer.

Verkannte Signale

Tatsächlich werden seelische Erkrankungen, so eine Depression, oft nicht rechtzeitig erkannt. Zwar senden Körper und Seele hinreichend Signale, doch werden sie nicht selten überhört. Einerseits sind wir ungeübt, ihnen Beachtung zu schenken, andererseits sind die Begleiterscheinungen wie Müdigkeit, Freud- und Antriebslosigkeit, aber bspw. auch Migräne oder eine allergische Reaktion, auch anderen Krankheitsbildern zuordenbar sind (vgl. Dolan, 2006, S. 12). Gänzlich unbemerkt bleibt eine Depression selten, schließlich verändert sich derjenige, der depressiv ist, er zieht sich zurück, hat keine Freude mehr und nimmt zunehmend nicht mehr am Leben teil (vgl. Wewetzer, 2009, S. 2). Doch nehmen wir das selbst von uns wahr? Und misst dem ein anderer Bedeutung zu, wenn wir uns derart verändert verhalten?

Und was sagt schon aus, wenn wir niedergeschlagen wirken und gleichzeitig über Migräne klagen? Es geht uns eben nicht gut. Doch was ist die Ursache? Die Migräne oder die Niedergeschlagenheit, die tatsächlich zu einem ganzen Bündel an Symptomen gehört?

Es gibt also einen deutlichen Zusammenhang zwischen Körper und Seele. Beide senden Signale, denen die gleiche Bedeutung beizumessen ist. So ist es durchaus auch angeraten, dass ein Arzt den Menschen ganzheitlich betrachtet, d. h. den Körper, die Seele und den Geist zugleich. Doch dazu gehört auch, die Einsicht zu gewinnen und den Mut aufzubringen, rechtzeitig fachkundigen Rat einzuholen.

Von Hilflosigkeit zu Hoffnung

Eine verletzte Seele macht hilflos, ganz gleich, ob die eigene Seele oder die des anderen verletzt ist. Ist es Anerkennung oder Liebe, was sie braucht? In welcher Form? Vermutungen sind oft nur ein schlechter Ratgeber. So sollten wir uns gemeinsam auf den Weg begeben, sich mit den Symptomen einer Depression vertraut zu machen, wie auch den Mut zu fassen, der eigenen Krankheit oder die einer nahestehenden Person zu begegnen, auch, um sich nicht ausgeliefert zu fühlen. Schließlich kann es jeden treffen. Und es heißt eben nicht, dass derjenige einen im Volksmund bezeichneten Dachschaden hat oder eben nur lustlos ist. Oder käme jemand auf die Idee, bspw. Martin Luther oder Ludwig van Beethoven (vgl. Hautzinger, 2006, S. 19) als nicht zurechnungsfähig zu bezeichnen?

So ist es durchaus wohltuend, die Krankheit nicht als Ungetüm betrachten zu müssen, so unangenehm und lebenseinschneidend sie ohnedies ist.

Und so möchten wir Sie in den folgenden Kapiteln an der einen oder anderen Stelle zum Nachdenken anregen und es wird Ihnen bestimmt auch manches gar so vertraut erscheinen.

Doch das vordringlichste Ziel des Buches ist es, eine Selbstverständlichkeit für den Umgang mit seelischen

Erkrankungen zu schaffen, die derzeit oft noch tabuisiert sind, ohne Grund.

Unser Buch soll Sie deshalb ein Stück Ihres Weges begleiten und Hoffnung geben. Schließlich -

„Wir alle haben ein Recht darauf, glücklich zu sein."

Herzlichst - Ihre

Gerik und Tami Chirlek

Tagebuchauszug: Es ist so anders

Du sagtest einmal, ich sei der Fels in der Brandung. Irgendwie fühlte ich mich auch danach. Wo andere noch ein Problem sahen, hatte ich längst eine Lösung dazu. Ich war bekannt für meinen Humor und dass es mir grundsätzlich gelang, auch die traurigsten Menschen, mit meinem unermüdlichen Optimismus anzustecken. Doch von einem auf den anderen Tag veränderte das sich. Obgleich ich alles hatte, Erfolg im Job, eine intakte Familie, kam in mir das Gefühl der inneren Unruhe auf. Was mir vorher als wichtig erschien, trat in den Hintergrund. Die Lieblingsserie im Fernsehen wie auch das Hobby empfand ich nun als pure Zeitver-

schwendung. Derweil beschäftigte ich mich nicht übermäßig mit anderen Dingen. Mir fehlte ja selbst die Geduld, mir die Sorgen anderer anzuhören. Das war so untypisch für mich. Ich war bereits geschafft vom Nichtstun und merkte selbst, wie gereizt ich anderen gegenüber reagierte. In mir waren so viele Gedanken, doch sie waren nicht konkret. Ich fühlte mich wie in einem Hamsterrad. Und als du dann auch noch sagtest, dass ich mich zusammenreißen sollte, weil ich ja schließlich alles hätte und du ja nun wirklich alles für mich tust, fühlte ich mich nur noch als ein ausgeliefertes Nichts.

2 Was ist eine Depression?

- psychische Störung mit möglichen Anzeichen von
    - Traurigkeit, Interessen- und Freudlosigkeit
    - Schuldgefühle, geringes Selbstwertgefühl
    - Schlafstörungen
    - Appetitlosigkeit
    - Müdigkeit und Konzentrationsschwächen

Bislang sprachen wir von einem Stimmungstief. Genauso gut hätten wir auch Niedergeschlagenheit sagen können. Hören wir von jemandem, der niedergeschlagen ist, wissen wir, dass es sich um einen unangenehmen Zustand handelt. Doch erfahren wir, dass derjenige unter Depressionen leidet, wollen wir es entweder nicht wahrhaben oder empfinden die Situation als wesentlich mächtiger.

Es mag verwundern, doch zunächst bedeutet beides das Gleiche. Das Wort "Depression" leitet sich vom lateinischen "deprimere" ab, was in der Tat nichts anderes bedeutet als niedergedrückt / niedergeschlagen.

Unserer Alltagssprache ist es wohl zu verdanken, dass wir mit dem Begriff "niedergeschlagen" unsere Gefühle meinen und etwas freizügiger umgehen, während wir mit der "Depression" oft von vornherein einen medizinischen Sachverhalt verbinden.

Die WHO beschreibt eine Depression als weit verbreitete psychische Störung. Charakteristisch sind empfundene Traurigkeit, Interessenlosigkeit, der Verlust an Genussfähigkeit, Schuldgefühle und geringes Selbstwertgefühl, Schlafstörungen, Appetitlosigkeit, Müdigkeit und Konzentrationsschwächen (vgl. o. J.). Ein ganzes Bündel, welches für einen Außenstehenden tatsächlich wie eine vorübergehende Niedergeschlagenheit wirken kann. Doch eines der wesentlichen Kennzeichen einer Depression im Vergleich zu anderen Stimmungstiefs sind die meist der Situation gegenüber unangepassten Schuldgefühle.

Ein wesentlicher Unterschied zwischen einer vorübergehenden Niedergeschlagenheit und einer Depression besteht darin, dass bei einer Depression sehr häufig unangepasste Schuldgefühle hinzukommen.

2.1 Depressionsspirale

Eine Depression ist natürlich nicht von heute auf morgen da. Auch sie unterliegt einem Entstehungsprozess. Im Zusammenhang ist es sogar richtig, von einer Spirale zu sprechen. Dazu müssen wir uns lediglich folgendes vergegenwärtigen:

Aufbau einer depressiven Stimmung
(vgl. Schreiber & Schneider, 2005, S. 10)

1. Wir haben (ungeachtet des Auslösers) eine depressive Stimmung. Wir fühlen uns niedergeschlagen. Uns fehlt das Interesse, den sonst geliebten Gewohnheiten nachzugehen.
2. Auf Grund dessen ziehen wir uns zurück.
3. Dadurch werden unsere positiven Erlebnisse immer weniger. Selbst wenn uns jetzt noch jemand gut gemeint zu einer Aktivität motivieren möchte, gelingt uns keine Freude daran zu empfinden. Im Gegenteil, wir fühlen uns bereits von uns und dem Leben überfordert, so dass unsere Stimmung nur noch schlechter wird.

4. Um einen Weg aus der Überforderung zu finden, ziehen wir uns in Konsequenz vollkommen zurück. Wir werden nahezu handlungsunfähig.

Natürlich können wir uns hier noch mehrere Zwischenstufen denken, ebenso bei dem Abbau einer depressiven Stimmung, die ebenso spiralförmig verläuft.

Abbau einer depressiven Stimmung
(vgl. Schreiber & Schneider, 2005, S. 12)

1. Wir haben uns vollkommen zurückgezogen und sind nahezu handlungsunfähig.
2. Wir fühlen uns zwar niedergeschlagen, doch beginnen wieder mit ersten Aktivitäten, bspw. etwas zu unternehmen.
3. Dadurch sammeln wir neue Erfahrungen und gewinnen damit erste positive Erlebnisse. Unsere Stimmung hellt sich auf.
4. Zunehmend werden wir unternehmenslustiger. Wir nehmen wieder am Leben teil, kommen heraus aus unserer selbst aufgebauten Isolation. Uns

werden wieder soziale Kontakte wichtig. Wir gewinnen unser Selbstvertrauen zurück.

Eine nahestehende Person kann den Heilungsprozess, entscheidend positiv beeinflussen. Denn auch wenn wir es in einer depressiven Situation nicht unmittelbar zeigen und möglicherweise auch empfinden können, es hilft uns sehr, einen beständigen, vertrauenswürdigen Menschen an unserer Seite zu wissen, bei dem wir sein dürfen wie wir sind.

Tagebuchauszug: Ich bin nicht wichtig

Es ging mir schon lange nicht gut. Immer wieder machte ich mir Gedanken wie es weitergehen soll. Im Job fehlten schon lange die Aufträge, es kam kaum noch Geld rein. Wie gern hätte ich mit jemanden gesprochen. Einfach nur mal von der Seele reden, eine Idee bekommen, Hoffnung, irgendwas. Mit jemanden? Natürlich mit dir, es ging dich doch schließlich was an. Doch möglichen Diskussionen gingst du grundsätzlich aus dem Weg. Es schien, als würdest du mich und die offensichtlichen Probleme gar nicht ernst nehmen. Sicherlich hatte ich bisher auch alles hinbekommen. Doch ich wusste seit Wo-

chen nicht mehr, wie lange es noch gut gehen würde.

Immer wieder schobst du irgendwelche Gründe vor, warum du jetzt dafür keine Zeit hättest. Meistens endeten diese Gründe mit deinen Freunden im Vereinslokal. Ich hingegen saß Tag für Tag mit allen Sorgen allein zu Hause und stellte mir die Frage – wozu das alles noch.

3 Ursachen - Wodurch kann eine Depression entstehen?

- genetische Faktoren
- psychische Faktoren / individuelle Lebenssituation
- Verhaltensdefizite
- biologische Faktoren

Möchte man sich mit den Ursachen näher beschäftigen, muss man den Blick in unterschiedliche Richtungen wagen. Und nicht selten gibt es gar verschiedene individuelle Faktoren, die bei der Erkrankung zusammenwirken und eine Depression auslösen:

- genetische Faktoren
    - eine erbliche Vorbelastung erhöht das Risiko an einer Depression zu erkranken

- psychische Faktoren / individuelle Lebenssituation
    - gravierende persönliche Ereignisse, z. B.
        - Verlust einer nahestehenden Person
        - Mobbing
        - finanzielle Sorgen
    - Folge schwerer Erschöpfung, z. B.
        - anhaltender beruflicher Stress
        - seelische Dauerbelastung wie Beziehungsprobleme
    - schwere Belastung in der Kindheit wie übermäßige Verluste, Gewalt, Bindungsstörungen im Elternhaus (vgl. Pfeifer, 2008)

- o Folge anderer Erkrankungen wie ein Tumor
- o fehlende stabilisierende soziale Kontakte wie nahestehende Personen so Freunde und Familie
- o Nebenwirkung von Medikamenten
- o dysfunktionale Einstellungen (erlerntes negatives Denken und Empfinden nach gravierenden Lebensereignissen)

- Verhaltensdefizite
  - o Kognitives Modell: negatives kognitives Verarbeitungsmuster, dadurch negative Sicht auf sich, die Umwelt und Zukunft (vgl. Mehler-Wex, 2008, S. 64)
  - o Erlernte Hilflosigkeit: negative Erfahrung, nicht jede Situation beeinflussen zu können, dadurch Passivität und Hilflosigkeit (Ich mach es nie richtig.) (vgl. Mehler-Wex, 2008, S. 64)
  - o Verstärker-Verlust-Modell: mangelnde soziale Fertigkeiten oder positive Erfahrung im zwischenmenschlichen Bereich,

dadurch Passivität und Rückzug (vgl. Mehler-Wex, 2008, S. 65)

- biologische Faktoren
    - bspw. auf Grund eingenommener Medikamente hervorgerufen

Verständlicherweise führen sehr einschneidende Erlebnisse wie der Verlust einer nahestehenden Person oder der Existenzgrundlage zu extremen Belastungen, die nur schwer zu bewältigen sind. Doch was dem einen Menschen noch gelingt, vielleicht weil er einen funktionierenden Rückhalt in der Familie oder bei Freunden hat, führt bei einem anderen zu einer seelischen Überlastung. Wichtig ist jedoch darauf hinzuweisen, dass es jeden treffen kann und niemand dafür die Schuld trägt. Vorwürfe sind somit fehl am Platz.

3.1 Warum ausgerechnet ich?

Wir leiden an einer Depression und haben durchaus festgestellt, dass etwas mit uns und unserer Verfassung nicht stimmt. Auch wenn es so scheint, dass wir kaum noch am Leben teilnehmen, die Frage "Warum ausgerechnet ich?" stellen wir uns sehr wohl. Es wäre durchaus naiv zu glauben, dass eine Depression aus heiterem Himmel über uns einbricht. Dann bräuchten wir einfach nur nach oben sehen, sagen "Ah, da kommt eine Depression, will ich nur mal ein Stück zur Seite gehen, damit sie neben mir einschlägt und mich nicht trifft." Am besten noch einen Menschen, den wir nicht sonderlich leiden können, mitten ins Einschlagzentrum schubsen. Aber, so ist es eben nicht. Tatsächlich aber sind wir allerlei Einflüssen ausgeliefert, die mitunter auch unsere angelernten Bewältigungsstrategien für Probleme ins Schwanken bringen lässt, dazu gehören unter anderen auch die an uns gerichteten Anforderungen und Erwartungen anderer.

Sicher wäre es richtiger so zu leben, wie man möchte und nicht wie man der Meinung ist, was die Erwartungshaltung der anderen sein könnte. Ebenso zu sagen, was man denkt und nicht, was die anderen vermutlich hören möchten. Doch da befinden wir uns bereits mitten im Dilemma: Was will ich und was soll ich wollen.

Wie eingangs erwähnt, sind viele individuelle Faktoren dafür verantwortlich, wie gut wir eine für uns belastende Situation bewältigen. Dazu gehört auch die Verschiedenartigkeit, wie wir Dinge bewerten, welche Sichtweise wir zu bestimmten Sachverhalten annehmen. Was für die eine Person Entsetzen auslöst, ist kann ein anderen als einfache Bagatelle ablegen. Denken wir bspw. an eine Meinungsverschiedenheit zwischen zwei Freunden. Es ist davon auszugehen, dass diese für beide unangenehm ist, zumindest, wenn sie in einem handfesten Streit endet. Und doch kann es sein, dass der eine die Freundschaft schon in den letzten Atemzügen sieht, weil er der Meinung ist, dass der andere ganz bestimmt nichts mehr von ihm wissen möchte, obgleich der andere schon gar nicht mehr darüber nachdenkt und die Vorstellung an sich reichlich absurd findet. Anderes Beispiel wäre das Thema Ehrlichkeit. Sind nun Notlügen erlaubt, um den anderen nicht zu verletzen oder schon ein Vertrauensbruch? Zu fast allen kann man sehr unterschiedliche Positionen beziehen.

Es liegt also an unseren individuellen Voraussetzungen und Erfahrungen, warum wir eine Meinung beziehen, uns eine bestimmte Situation unangenehm ist, etwas gravierend auf uns einwirkt, uns etwas schwer belastet. So leuchtet es auch ein, warum der eine Mensch ein größeres Risiko hat, an einer Depression zu erkranken als ein anderer. Eine Schuld trägt er daran nicht und die Erkrankung ist auch nicht zwangsläufig vermeidbar.

3.2 Ursachen bei Kindern und Jugendlichen

Wie bei Erwachsenen können auch bei Kindern und Jugendlichen einschneidende Lebensereignisse eine Depression auslösen. Dazu können gehören:

- eine abgeschlossene Lebensetappe (Kindergarten -> Schule -> Schulwechsel) und damit der Verlust des vertrauten Umfeldes
- Phasen der Pubertät und damit verbundener neuer Selbstfindung
- ein Umzug und damit der Verlust des vertrauten Umfeldes
- ein Ärger im Kindergarten, in der Schule, in der Clique und damit verbunden ggf. nicht verarbeitete Konflikte
- die Geburt eines Geschwisterkindes und der damit verbunden der empfundene Verlust der Aufmerksamkeit der Eltern
- das Zerbrechen der Familie und damit verbunden der empfundene Verlust des vertrauten zu Hauses
- der Tod eines Familienmitgliedes, Mitschülers, Idols

- die eigene Krankheit oder die einer nahestehenden Person und damit verbundene Einschränkungen

Da so vielfältige Erlebnisse eine Depression bei einem Kind oder einem Jugendlichen auslösen können, ist dringend zu empfehlen, Verhaltensänderungen ernst zu nehmen und professionellen Rat hinzuzuziehen.

3.3 Persönliche Sicht

Depressionen sind eine Erkrankung, an der keiner wirklich die Schuld trägt. Sie entsteht aus einer Konstellation verschiedener Faktoren. Dennoch gibt es einiges, was man selbst bewirkt und mindestens künftig vermeiden sollte.

- Stress ist ungesund. Das trifft zumindest für Dauerstress zu. Und auch mal "nein" sagen ist durchaus legitim. Gefährlich, wenn die Zeit für einen selbst fehlt, für Dinge und Menschen, die zuvor unentbehrlich schienen.
- Druck macht krank. Wenn man sich selbst unter Druck setzt, bspw. 5 kg innerhalb der nächsten zwei Wochen abzunehmen und man mit dem Vorhaben nicht voran kommt, wird man für die Außenwelt unleidlich und im Inneren unzufrieden.
- Vermeidung führt zu Fehlbelastung. Und wenn man stetig versucht ist, Konflikte zu vermeiden, wird unter Umständen die Angst davor umso größer.
- Entbehrung macht auf die Dauer nicht glücklich. Sich etwas zu gönnen heißt auch, mindestens für

einen Moment eine Zufriedenheit spüren. Insofern ist nicht empfehlenswert, sich einzureden, was man alles nicht kann, sondern wesentlich sinnvoller auszuprobieren und zu entdecken, was man möchte und woran man Gefallen findet.

- Passivität kann zu Interessensverlust führen. Gelegentlich möchte man nichts tun. Auf Dauer verliert sich jedoch der Sinn in auch noch zuvor liebgewonnenen Aktivitäten.
- Eine nichtfunktionierende Beziehung macht unglücklich. Deshalb sollte man sich trauen, auch sein soziales Umfeld auf den Prüfstand zu stellen. Ein Ergebnis davon kann sein, mit Hoffnung daran zu arbeiten, eine glückliche Beziehung mit Angehörigen und Freunden zu führen. Sollte sich die Beziehung jedoch gänzlich als nur noch quälend erweisen, tut es der Seele unter Umständen besser, sich aus der belastenden Verbundenheit zu lösen.
- Sich selbst zu hassen ist gefährlich. Denn hasst man sich, ist man bald nicht mehr in der Lage, Freude zu empfinden. Man erlaubt es sich beinahe nicht. In Folge beschäftigt man sich kaum noch mit Aktivitäten, die einen einst interessierten. Auch soziale Kontakte werden zunehmend auf ein

Minimum beschränkt. Zu schade, denn wenn man ehrlich zu sich selbst ist, irgendwas kann man doch, was einen einzigartig macht, wofür es sich lohnt, stolz auf sich und andere zu sein.

Tagebuchauszug: Unter vielen allein

Wenn ich recht bedenke, ich bin immer gern auf Arbeit gegangen. Die Tätigkeit füllte mich aus, irgendwie. Natürlich hat es mich geärgert, dass die spannenden Aufgaben stets andere erhielten, doch auch damit arrangierte ich mich irgendwann. Immerhin hatte ich einen Job und erhielt jeden Monat dafür pünktlich mein Gehalt. Und das war für mich Grund genug, mir bei meiner Arbeit nichts nachsagen zu lassen.

Scheinbar war auch jeder zufrieden, mit dem, was ich tat, wusste man, dass man sich auf mich verlassen konnte, ich in einigem bewandert war und wenn es eng wurde, gern weiter half, ohne eine

Bedingung zu stellen. Ein eingefahrener Trott eben.

Mit einem Chefwechsel sollte alles anders werden. Als erstes wurde ein Kennlern-Teamseminar angesetzt.

Die Chefin, eine 30jährige im Kostümchen und lackierten Fingernägeln saß mit uns im Stuhlkreis und meinte, dass hier jeder alles offen sagen könnte. Wir Kollegen schauten uns an und wussten mit der versteckten Aufforderung nicht so recht was anzufangen. Da begann sie: "Ich habe mir sie alle eine Woche angesehen und mir eine Meinung gebildet."... Einer war dann in ihren Augen der Alleskönner, ein anderer hatte eine ausgeprägte Kommunikationsstärke. Dann war ich dran. Ich wusste schon was kam: Die Hilfe im Hintergrund. Doch von wegen. Sie meinte, ich würde mich nicht in das Team integrieren, meine Kollegen bei ihren schwierigen Aufgaben nicht unterstützen. Sie wisse nur noch nicht, ob es daran liegt, dass ich unfähig oder aber unwillig bin.

Ich war entsetzt, wie sich jemand so eine Meinung nach einer Woche bilden konnte. Auf meine Bitte, dass die Kollegen was dazu sagen, jene, die mich über zehn Jahre kannten, für die ich so oft länger blieb, weil sie mit der einen oder anderen Aufgabe nicht zu Rande kamen, für die ich unter ihren Namen Konzepte schrieb, damit sie was abzugeben hatten, sahen diese nur teilnahmslos auf den Boden.

Das hat mich zu tiefst verletzt, doch ich sagte nichts weiter. Was denn auch. Ich habe verstanden, wie es ist unter vielen allein zu sein.

4 Anzeichen einer Depression

- gedrückte, depressive Stimmung
- Interessenverlust und Freudlosigkeit
- Antriebsmangel und schnelle Ermüdbarkeit
- Traurigkeit, Hilflosigkeit, Verzweiflung, Resignation
- Schuldgefühle, vermindertes Selbstwertgefühl
- ...

Tatsächlich kann sich wohl niemand vorstellen, was ein depressiver Mensch denkt und fühlt. Nicht mal zwei gleichermaßen erkrankte Menschen können es genau dem anderen nachfühlen. Jeder trägt seine eigene Geschichte, auch und insbesondere im Zusammenhang mit einer Depression.

Zunächst gilt eine Depression von einer vorübergehenden Niedergeschlagenheit zu unterscheiden. Das ist nicht so einfach, denn es gibt zwar viele Anzeichen, die auf eine Depression hindeuten können, jedoch nicht zweifelsfrei müssen. In der Regel machen sich bei einem depressiven Menschen Veränderungen in allen Bereichen bemerkbar, so im Fühlen, Denken, Verhalten und auch auf der körperlichen Ebene. Doch es wäre falsch, sich ausschließlich mit den Symptomen auseinanderzusetzen. Was nützt uns bspw. zu wissen, dass der Betroffene Schlafstörungen haben müsste, wenn er uns diese gar nicht auf die Nase bindet? Wie begegnet uns also ein depressiver Mensch? Was nehmen wir an ihm war? Dazu zeigte Pfeifer (vgl. 2008) folgendes auf:

Depressive Persönlichkeit (vgl. Pfeifer, 2008):
- ist still, introvertiert, passiv und zurückhaltend
- ist trübsinnig, pessimistisch, ernsthaft, humorlos
- ist selbstkritisch, selbstabwertend, vorwurfsvoll gegenüber der eigenen Person, ängstlich gegenüber eigenen Versagen
- ist skeptisch, kritisch gegenüber anderen, schwer zufrieden zu stellen
- ist grüblerisch und sorgenvoll

4.1 Hauptsymptome / Zusatzsymptome

Es gibt sehr viele Anzeichen, die auf eine Depression hinweisen können. Sie werden in der Regel in Hauptu8nd Zusatzsymptome unterschieden. Anhand ihres Auftretens kann auf den Schweregrad einer depressiven Phase geschlossen werden.

Hauptsymptome *(vgl. ÄZQ, 2011)*
- gedrückte, depressive Stimmung / tiefe Traurigkeit
    - tiefe "vitale" Traurigkeit (vgl. Pfeifer, 2008) bis zur Verzweiflung
    - Gefühlsverlust, insbesondere keine positiven Emotionen wie Freude (vgl. Pfeifer, 2008; Sachse, 2012)
- Interessenverlust und Freudlosigkeit
    - Verlust von Freude und Interesse bei früher als angenehm empfundenen Aktivitäten (vgl. Dolan, 2006, S. 3)
- Antriebsmangel und erhöhte Ermüdbarkeit
    - psychische und physische Kraftlosigkeit (vgl. Pfeifer, 2008)

- o verminderte Leistungsfähigkeit, bereits geringe Tätigkeiten werden als anstrengend empfunden

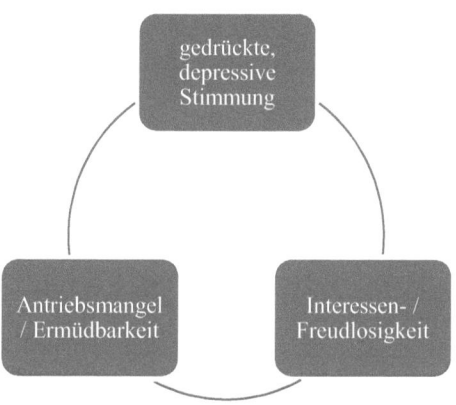

Abb.1: Hauptsymptome einer Depression

Zusatzsymptome *(vgl. Kompetenznetz Depression, 2010)*
- Verminderte Konzentration und Aufmerksamkeit
- Mangelndes Selbstwertgefühl und Selbstvertrauen
- Gefühle von Schuld und Wertlosigkeit
- Negative und pessimistische Zukunftsperspektive
- Suizidgedanken oder Suizidhandlungen
- Schlafstörungen
- Verminderter Appetit

Halten zwei der genannten drei Hauptsymptome und zwei der Zusatzsymptome länger als zwei Wochen an, deutet vieles auf eine Depression hin. Dennoch sollte zur Abklärung ein Arzt aufgesucht werden. Schließlich kann eine Depression sowohl das Berufs- als auch Privatleben gravierend beeinträchtigen, woraus sich ein ungewollter Kreislauf ergeben kann.

4.2 Denken- Fühlen- Handeln- körperliche Beschwerden

Aus allem zuvor Geschriebenen zeichnete es sich bereits ab - eine Depression hat vielfältige Auswirkungen:

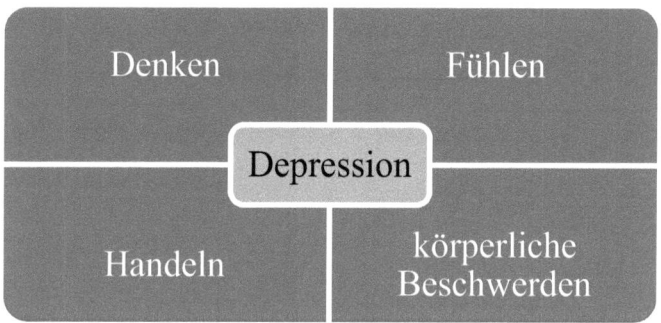

Abb. 2: Betroffene Symptombereiche

So lassen sich auch folgende Symptome, die oft in Verbindung mit einer Depression auftreten, recht gut den einzelnen Bereichen zuordnen.

Denken

- vermindertes Denk- oder Konzentrationsvermögen (vgl. Dolan, 2006, S. 4)
- depressive Gedankeninhalte, Kreisdenken, ständiges Grübeln, z. B. über erlebte Ungerechtigkeit, Misstrauen (vgl. Pfeifer, 2008)

- negative / pessimistische Sichtweise von sich selbst, der Welt und der Zukunft (Job, Beziehung, ...)
  - o Erwartung zu versagen oder abgelehnt zu werden (vgl. Sachse, 2012)
  - o insbesondere Wahrnehmung von Problemen und Schwierigkeiten (vgl. Sachse, 2012)
- unbegründete Selbstvorwürfe, Selbstzweifel (vgl. Dolan, 2006, S. 4)
- Suizidgedanken

Fühlen (verstärkt)
- Traurigkeit, Niedergeschlagenheit, innere Leere, Verzweiflung, Resignation
  - o Gefühl eines tiefen Lochs, in dem man sitzt und nicht mehr hinaus kommt, es gar einen immer weiter hinunter zieht
  - o fühlt sich privat und beruflich überfordert
  - o lässt sich kaum trösten
- Ängstlichkeit
- Gefühllosigkeit, Freudlosigkeit

- unangemessene Schuldgefühle sowie vermindertes Selbstwertgefühl und Selbstvertrauen bis zum vollständigen Verlust (vgl. Dolan, 2006, S. 4)
    - erlebt sich als wert- und nutzlos auf Grund willkürlich gezogener Schlüsse (vgl. Schreiber & Schneider, 2005, S. 13)
    - empfindet sich als Last für seine Umgebung
    - der Betroffene lässt sich kaum oder gar nicht von seiner Unschuld überzeugen
- Gefühl von Verlassenheit, Hilflosigkeit, Hoffnungslosigkeit (vgl. Schauenburg, 2012, S. 4)
- irreale Überzeugungen, Wahn- und Realitätsverlust
- Enttäuschung, Kränkung, Wut, Gereiztheit, unangemessene und für den Betroffenen untypische Verärgerung, Unzufriedenheit, geringe Stresstoleranz (vgl. Pfeifer, 2008)

Handeln
- Versuch des Überspielens der empfundenen Traurigkeit

- Rückzug von Familie, Freunden und Bekannten, dadurch zunehmende soziale Isolation (vgl. Sachse, 2012)
- Passivität und Interessenlosigkeit, auch gegenüber zuvor gern durchgeführten Aktivitäten wie z. B. Hobbies
- Aggressionen gegen sich und andere
- Psychomotorische Agitiertheit (Erregung) oder Hemmung (vgl. Dolan, 2006, S. 4)
- Unmotiviert, Probleme anzugehen und zu handeln (vgl. Sachse, 2012; Schauenburg, 2012, S. 4)
  - auch geringfügige Tätigkeiten werden als anstrengend empfunden und möglichst aufgeschoben
- Unschlüssigkeit und Gefühl der Ruhelosigkeit (vgl. Dolan, 2006, S. 4)
- Frustkäufe
- wiederkehrende Suizidpläne / -versuche (vgl. Dolan, 2006, S. 4)
  - Gefühl, dass alles unerträglich und sinnlos ist und Wunsch einer Erlösung
- Substanzmissbrauch / Alkoholismus (vgl. Pfeifer, 2008)

körperliche Beschwerden

- Antriebslosigkeit (oder innere Unruhe), Erschöpfung, Morgentief
- Schlafstörungen (insbesondere durch Stress / Grübeln), insbesondere kein Durchschlafen, Kopfschmerzen, Herz- / Kreislauf-, Atembeschwerden, Druckgefühle (Kopf, Brust), Schweißausbrüche (ÄZQ, 2011; Pfeifer, 2008)
- Magen- / Darmbeschwerden (vgl. Pfeifer, 2008)
    - Gewichtsabnahme auf Grund Appetitlosigkeit (vgl. Pfeifer, 2008), selten auch Gewichtzunahme (vgl. Dolan, 2006, S. 4)
- Rückenschmerzen (vgl. ÄZQ, 2011), rheumaähnliche chronische Schmerzzustände (Pfeifer, 2008), Schweregefühl
- vermindertes sexuelles Bedürfnis (vgl. Pfeifer, 2008)

4.3 Symptome bei Kindern und Jugendlichen

Wie bereits dargestellt, können auch Kinder- und Jugendliche an einer Depression erkranken. Alterstypisch sind die Anzeichen etwas abweichend von den bereits allgemein beschriebenen Symptomen.

Kleinkinder (vgl. Pfeifer, 2008)
- Spielschwäche
- Weinen, Schreien
- Schlafstörungen
- Gedeihstörungen
- Traurigkeit
- Trennungsängste
- Stereotypien

Schulkinder (vgl. Pfeifer, 2008)
- Kontaktstörung
- Lern- und Leistungsstörungen
- Unruhe, Rastlosigkeit
- Störung des Sozialverhaltens
- Sozialer Rückzug
- Traurigkeit
- Trennungsängste

- Schlafstörungen
- Hilf- und Hoffnungslosigkeit

Jugendliche (vgl. Pfeifer, 2008)
- Grübelsucht
- Suizidgedanken
- Stimmungsschwankungen
- Sozialer Rückzug
- Hypochondrie
- Schulschwänzen
- Störung des Sozialverhaltens
- Lern- und Leistungsstörungen

Auch Ess- und Sprachstörungen können auf eine Depression hinweisen.

Es ist wichtig, auch als Elternteil rechtzeitig seine Grenzen zu erkennen und im Bedarfsfall professionelle Hilfe in Anspruch zu nehmen.

4.4 Symptome während einer manischen Phase

Bislang haben wir uns nur um die allgemeinen Anzeichen gekümmert. Unter Berücksichtigung, dass nicht alle Symptome in ihrer Gesamtheit auftreten müssen, treffen sie auch auf alle Depressionsformen auf. Dennoch bildet die bipolare Depressionsform mit typischerweise manischen Phasen eine Sonderstellung. Diese ist nämlich durch das episodenhafte Auftreten gegensätzlicher Pole gekennzeichnet, die sich wie folgt auswirken (vgl. Leucht & Förstl, 2012, S. 113):

- Stimmung: übertrieben guter Stimmung oder auch gereizt-misstrauisch (vgl. Leucht & Förstl, 2012, 114)
- Antrieb: innere Unruhe, Überaktivität, Rededrang, geringes Schlafbedürfnis (vgl. Pfeifer, 2008)
- Denken und Wahrnehmen: beschleunigt, starke Ablenkbarkeit, Ideenflucht, überhöhte Selbsteinschätzung bis zum Größenwahn (vgl. Pfeifer, 2008)
- Verhalten: Verlust von sozialen Hemmungen (z. B. Distanzlosigkeit, übermäßige Kauflust, sexuelle Enthemmung, Rücksichtslosigkeit) (vgl. Pfeifer, 2008)

Tagebuchauszug: Dein Schweigen

Ich spürte, dass mit dir was nicht stimmte. Bei jeder Kleinigkeit gingst du hoch, warst ungewöhnlich gereizt. Doch wenn ich dich darauf ansprach, bist du mir mit Banalitäten ausgewichen. Ich versuchte deine Wünsche zu erraten, doch ich konnte dir nichts mehr recht machen. Du warst scheinbar nur noch mit dir beschäftigt. Du hast es scheinbar nicht mal bemerkt, wie sehr ich bemüht war, dir wieder und wieder eine Freude zu machen. Die Stimmung war so auf dem Tiefpunkt. Um jeden Preis wollte ich einen weiteren Streit vermeiden. Also fraß ich meinen Ärger in mich hinein. Sicherlich hätte ich besser reden sollen, wenigstens das eine oder andere Mal. Doch wie? Du hattest dich längst in deine eigene Welt zurückgezogen. Es gab Fragen, doch keine Antworten mehr. Wie sehr habe ich mich danach gesehnt, dass du mich teilhaben lässt, dass du irgendetwas tust, was mir sagt, dass du mit etwas nicht einverstanden bist. Doch du schwiegst als ob dich das Leben nichts mehr anging.

5 Formen - Depression ist nicht gleich Depression

- Psychogene Depression
- Endogene Depression / Major-Depression
- Körperlich begründbare Depression

Eine Depression ist gleich eine Depression? Es würde vieles erleichtern. Tatsächlich können sich Depressionen u. a. in Schweregrad, Häufigkeit, Verlauf und Ursache unterscheiden.

Depressive Episoden (vgl. Dolan, 2006, S. 6-7)

... werden nach ihrem Schweregrad unterschieden. Als Kriterium nutzt man die Anzahl der Symptome, die länger als zwei Wochen anhalten (je mehr Symptome zusammen auftreten, je schwerer ist die Erkrankung).

- leichte depressive Episode
    - mindestens 2 Hauptsymptome
    - mindestens 2 Zusatzsymptome
- mittelgradige depressive Episode
    - mindestens 2 Hauptsymptome
    - mindestens 3 Zusatzsymptome
- schwere depressive Episode
    - alle 3 Hauptsymptome
    - mindestens 4 Zusatzsymptome

Rezidivierende Depression (vgl. Dolan, 2006, S. 6, 9)
- wiederholte depressive Episoden leichter, mittelgradiger oder schwerer Ausprägung
- vollständige Besserung zwischen den Episoden, seltener anhaltende Depression

5.1 Variante der Unterscheidung

Möchte man Depressionen näher unterscheiden, könnte man sich diverser Einteilungen bedienen. Folgend nur eine Variante (vgl. Voll, 2005, S. 40)

Psychogene Depression (vgl. Voll, 2005, S. 40)
... werden seelisch, meist durch lebensbedingte / lebensgeschichtliche Umstände. ausgelöst.

- Reaktive Depression
    - durch äußeres, schmerzliches Ereignis verursacht, z. B. Verlust einer nahestehenden Person
    - vorübergehende seelische Verstimmung, die in der Regel allmählich besser wird, seltener auch zu einer chronischen Depression führt
- Neurotische Depression / Dysthymia (vgl. Dolan, 2006, S. 6, 9)
    - gestörte Verarbeitung bestimmter Erlebnisse / unverarbeiteter Konflikte, die aus der Kindheit stammen können
    - leichte, jedoch länger anhaltende Symptome, allerdings ist der depressive Mensch in

der Lage, die alltäglichen Anforderungen zu erfüllen
- Depressive Entwicklung / Erschöpfungsdepression
    - ausgelöst durch Dauerbelastung ohne Aussicht auf Entlastung

Endogene Depression / Major-Depression
(vgl. Voll, 2005, S. 41)

... entstehen aus dem Zusammenhang des innerlichen Organismus.
- Depressionen mit mehreren depressiven Episoden
- monopolare / unipolare Depression
    - häufigste Form, zeitlich begrenzte depressive Episode, typische Symptome wie Interessensverlust
- bipolare Depression (manisch-depressive Störung)
    - Wechsel sehr gegensätzlicher Symptome (z. B. Interessensverlust und übersteigerter Tatendrang) / sehr starke Gefühlsschwankungen, hohe Suizidbereitschaft
- Spät- / Altersdepression
    - leichte bis mittelschere Depression

Körperlich begründbare Depression

(vgl. Voll, 2005, S. 42)

... werden durch eine Krankheit bzw. eine Funktionsstörung ausgelöst.

- Organische Depression
    o als Folge einer Hirnverletzung
- Symptomatische Depression
    o als seelische Folge körperlicher Schädigung / Erkrankung

5.2 Klassifikation nach ICD 10

Depressionen lassen sich unterschiedlich klassifizieren. Am gebräuchlichsten ist die "Internationale statistische Klassifikation der Krankheiten und verwandter Gesundheitsprobleme" = ICD10.

Klassifikation nach ICD10
(vgl. Krollner & Krollner, 2013)

- F32.0: leichte depressive Episode
    - der Betroffene fühlt sich krank
- F32.1: mittelgradige depressive Episode
    - der Betroffene ist nur schwer oder gar nicht mehr in der Lage, berufliche und häusliche Anforderungen zu bewältigen
- F32.2: schwere depressive Episode ohne psychotische Symptome
    - der Betroffene bedarf einer ständigen Betreuung
- F32.3: schwere depressive Episode mit psychotischen Symptomen
    - Wahnideen kommen hinzu, der Betroffene bedarf einer ständigen Betreuung

- F32.8: Sonstige depressive Episode
- F32.9: nicht näher bezeichnete depressive Episode

Tagebuchauszug: Eine andere Wahrheit

Und irgendwann begann ich wie viele das Horoskop in der Wochenzeitung zu lesen. Es war nicht so, dass ich mich konsequent danach richtete. Viel mehr fühlte ich mich darin bestätigt, wenn etwas schief lief, dass es ja ohnedies prophezeit war. Und in meinem Leben gestaltete sich eine Menge anders als gewünscht. Von einem ausgelassenen Menschen mutierte ich immer mehr zu einer sehr nachdenklichen Person. Gespräche mit Freunden lenkten mich schon lange nicht mehr ab. Oft zig ich mich bereits zurück an den Computer, um in einem Kartenspielchen Momente der Ruhe zu finden. Doch es gelang nicht wirklich. Es gab so viele Fragen und so wenig Antworten. In einem dieser Augenblicke, in dem man nach jedem Strohhalm greift, um ein Stück Orientierung zu erhalten, begann ich Antworten im Ausgang des Kartenspiels zu suchen. Immer wieder stellte ich eine Frage und spielte. Ein Sieg bedeutete - "ja", ein Verlieren - "nein". Es war wie eine Sucht, der ich nicht entkam. Ich wurde immer unzufriedener, selbst Worte von Vertrauten zweifelte ich inzwischen an, wenn die Karten mir eine Antwort gaben. Ich wusste nicht mehr, was ich wem glauben sollte. Ich war kurz vor dem Durchdrehen.

6 Depression - eine Tablette und es ist alles gut?

- 75 % der Betroffenen erkranken wiederholt
- 20 % der Betroffenen erkranken chronisch
- 15 % der Betroffenen begehen Suizid

Die im vorangegangenen Kapitel beschriebenen Einteilungsmöglichkeiten deuten bereits darauf hin, wie unterschiedlich Depressionen verlaufen können. Sie haben gemeinsam, dass wir uns in einer depressiven Phase regelrecht nicht wohl in der eigenen Haut fühlen.

Oft dauern Depressionen über viele Monate an. In dieser Zeit können sich depressive Phasen mit Momenten ohne Anzeichen einer seelischen Erkrankung abwechseln.

Für manche bleibt eine Depression ein einmaliges Ereignis im Leben. Allerdings ist nicht darüber hinwegzutäuschen, dass ein erhöhtes Risiko besteht, erneut an einer Depression zu erkranken. Dolan nannte dazu folgende Zahlen (vgl. 2006, S. 14):

Bezogen auf einen 10 Jahreszeitraum
- Dauer: Eine depressive Episode dauert oft bis zu 6 Monaten, auch länger. Je länger eine depressive Episode anhält, umso geringer ist die Chance auf eine vollständige Gesundung.
- Wiedererkrankung: Während einige Menschen nur einmal in ihrem Leben an einer Depression erkranken, erleben 75 % der Betroffenen nach etwa 20 Monaten eine erneute depressive Episode.

- Dauerhafte Erkrankung: Auch wenn eine Depression seltener chronisch verläuft, muss in 20 % der Fälle dennoch davon ausgegangen werden.
- Suizid: Für etwa 15 % aller depressiven Menschen endet die Erkrankung tödlich durch begangenen Suizid.

Eine Tablette gegen die Depression und alles ist gut? Leider nein.

Tagebuchauszug: Du tust mir weh

Das Gefühl der Vertrautheit hat uns nie gefehlt. Wir hatten schon so viele Probleme zusammen gemeistert, das schweißt bekanntlich zusammen. Vielleicht auch aus diesem Grund gingen wir so vorsichtig miteinander um. Obgleich wir beides Menschen waren, die gern die Dinge ausdiskutierten, verzichteten wir lieber darauf, als auch nur das Risiko einzugehen, dem anderen wehzutun.

Ich bin mir nicht sicher, ob wir wirklich gut daran getan haben. Ich denke, wir hätten besser reden sollen, gerade wenn wir unterschiedlicher Meinung waren. Denn umso entsetzter stellten wir ei-

nes Tages fest, dass ausgerechnet wir uns zu tiefst verletzen können.

7 Selbsttest

- War ich froh und guter Laune?
- Habe ich mich ruhig und entspannt gefühlt?
- Habe ich mich energisch und aktiv gefühlt?
- Habe ich mich beim Aufwachen frisch und ausgeruht gefühlt?
- War mein Alltag voller Dinge, die mich interessieren?

In Laufe der Zeit wurden diverse Hilfsmittel entwickelt, Depressionen frühzeitiger zu erkennen. Die Weltgesundheitsorganisation (WHO) gab bspw. einen Fragebogen zum Wohlbefinden heraus, der einen Selbsttest ermöglicht.

In den letzten zwei Wochen …	Die ganze Zeit	Meistens	Etwas mehr als die Hälfte der Zeit	Etwas weniger als die Hälfte der Zeit	Ab und zu	Zu keinem Zeit-
… war ich froh und guter Laune	5	4	3	2	1	0
… habe ich mich ruhig und entspannt gefühlt	5	4	3	2	1	0
… habe ich mich energisch und aktiv gefühlt	5	4	3	2	1	0
… habe ich mich beim Aufwachen frisch und ausgeruht gefühlt	5	4	3	2	1	0
… war mein Alltag voller Dinge, die mich interessieren	5	4	3	2	1	0

Tab. 1: WHO-5 Fragebogen zum Wohlbefinden (vgl. Netzwerk Psychosomatik Österreich, o. J.)

Wie Sie bemerkt haben, beziehen sich die Fragen auf die zuvor dargestellten Hauptsymptome einer Depression. Und natürlich könnte man sich ebenso gut die Übersicht aller Haupt- und Zusatzsymptome heranziehen und selbstkritisch die Frage stellen, ob es zutreffend ist. Doch es ist schwierig, sich in einer Flut von könnte, aber vielleicht auch nicht, zu recht zu finden. Und natürlich kann auch ein WHO-5 Fragebogen zum Wohlbefinden kein definitives Ergebnis erzielen. Doch ist er eine sehr einfache und schnelle Methode sich selbst über seinen gegenwärtigen Seelenzustand im Klaren zu werden, noch bevor man sich überhaupt jemanden öffnen muss. Wenn die errechnete Gesamtpunktzahl allerdings unter 13 ist, sollte man dann doch allen Mut zusammennehmen und sich mindestens einer nahestehenden Person oder einem Arzt anvertrauen. Denn in dem Augenblick deutet vieles darauf hin, dass eine Depression zumindest vorliegen könnte.

Tagebuchauszug: Chaos im Kopf

Es fiel mir immer schwerer mich zu konzentrieren. Beim Lesen blieb ich stets an einem Satz hängen und meine Gedanken drehten sich im Kreis. Ich fühlte mich unausgeschlafen, wurde immer gereizter. Und jeder redete nur auf mich ein. Ich wollte weg, einfach nur weg.

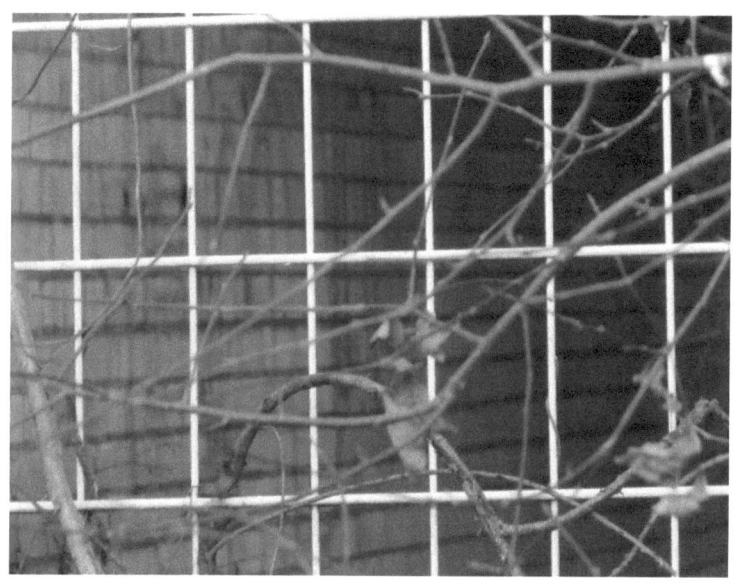

8 Behandlung einer Depression

- Psychopharmakologische Behandlungsmethoden
- Psychotherapeutische Behandlungsmethoden
- Weitere Behandlungsmethoden

Um es vorweg zu nehmen: eine Depression ist behandelbar. Den Heilungsprozess können Medikamenten (Antidepressiva), auch Psychotherapien unterstützen. Auch die Rolle von nahestehenden Personen ist dabei nicht zu unterschätzen. Denn wenn wir depressiv sind, doch aber die Chance haben und nutzen können, uns jemanden anzuvertrauen, ist die beste Voraussetzung zur Genesung geschaffen. Das heißt jedoch nicht, dass der Gang zu einem Arzt unerlässlich wird. Welche Behandlungsform sich als erfolgversprechend erweisen kann, ist abhängig von der Erkrankung selbst, aber auch unseren persönlichen Einstellungen. Dennoch sollten wir uns im Klaren sein, dass es für niemanden ein Spaziergang sein wird und sich der Verlauf der Erkrankung auch mit den besten Voraussetzungen nicht beliebig abkürzen lässt. Doch was hilft uns tatsächlich, die Depression zu bewältigen? Um die Frage zu beantworten, muss man sich dem bewusst werden, dass eine Depression ganzheitlich auf uns wirkt. Davon ausgehend, müssen auch Hilfsangebote verschiede Bereiche umfassen. In dem Zusammenhang möchten wir insbesondere auf Pfeifer verweisen, der dazu folgendes ausführt (vgl. 2008):

Depression			
Denken	Stress / Belastung	Körper	Gehirn
• Gespräche als Begleitung • Depressive Denkmuster mit konstruktiven Sichtweisen ersetzen	• Entlastung durch praktische Hilfe • Einbezug stabilisierende Bezugspersonen	• Aktivierung durch Motivierung und Struktur • Etappenziele für kleine Erfolge setzen	• Linderung der Symptome durch Medikamente

Abb. 3: Ganzheitliche Betrachtung der Behandlung einer Depression (vgl. Pfeifer, 2008)

8.1 Diagnose

Um festzustellen, was mit uns tatsächlich los ist, bedarf es einer Untersuchung. Dabei gilt es herauszufinden, was die Beschwerden auslösen oder auch beeinflussen kann. Zur Abklärung wird somit der aufgesuchte Arzt zunächst ein Gespräch führen, in dem er auf unser momentanes Wohlbefinden eingeht. Relevant sind mögliche Belastungen wie Konflikte, Beziehungen und ihre Auswirkungen auf die Stimmung. Möglicherweise wird er zur Unterstützung einen Fragebogen verwenden. Die Fragen beziehen sich auf unsere seelische Verfassung und umschließen charakteristische Haupt- und Zusatzsymptome.

Es ist wichtig, dass wir ohne Scheu unser tatsächliches Befinden äußern und gestellte Fragen wahrheitsgemäß beantworten. Nur dann hat der Arzt die Chance festzustellen, ob und in welchem Schweregrad eine Erkrankung an Depression vorliegt. Möglicherweise wird er auch nahestehende Angehörige einbeziehen wollen, um die Lebensumstände noch genauer zu erfahren. Anhand des Gesprächs gelangt der Arzt zu einer Einschätzung und Behandlungsmöglichkeiten aufzeigen. Wir können uns sicher sein, dass er uns ermutigen wird, uns dem von ihm vorgeschlagenen Behandlungsprogramm anzuschließen, regelmäßige therapeutische Gespräche wahrzunehmen und die Einnahme verordneter Medikamenten nicht zu vernachlässigen. Damit ist nämlich die Hoffnung berechtigt, dass Depressionen nach einer gewissen Zeit wieder abklingen und wir uns aus dem Stimmungstief erholen.

> Es geht nicht darum festzustellen, ob jemand verrückt ist, sondern zu schauen, wie man dem Betroffenen helfen kann.

8.2 Behandlungsmethoden

Es gibt nicht zu beschönigen - eine Depression ist eine ernstzunehmende Erkrankung. Ihre Behandlung benötigt Zeit. Zeit, die sowohl für den depressiven Menschen als auch seine Angehörige herausfordernd wird. Doch mit Geduld erlangt der Betroffene seine Lebensfreude zurück.

Grob lassen sich zwei Behandlungsmethoden unterscheiden, doch diese sind facettenreich und können auch in verschiedener Kombination angewendet sein, ambulant, in einer Tagesklinik oder stationär.

8.2.1 Psychopharmakologische Behandlungsmethoden

Psychopharmaka wirken sich auf die Psyche aus und sollen das Seelenleben positiv beeinflussen. Man kann sie in folgende Arzneimittelgruppen spezifizieren:

Arten möglicher Medikamente
- Antidepressiva (vgl. Therapie.de, 2013a)
    - wirken stimmungsaufhellend
    - angstlösend, beruhigend
- Neuroleptika (vgl. Therapie.de, 2013b)
    - wirken antipsychotisch, beruhigend
    - bspw. bei Wahnvorstellungen
- Stimmungsstabilisierer (vgl. Therapie.de, 2013c)
    - wirken vorbeugend
- Beruhigungsmittel (vgl. Therapie.de, 2013d)
    - wirken beruhigend, entspannend
    - angstösend
- Schlafmittel (vgl. Therapie.de, 2013e)
    - wirken beruhigend, entspannend
    - angstösend, schlaffördernd

- Psychostimulanzien (vgl. Therapie.de, 2013f)
    - wirken aktivierend, anregend
    - antriebssteuernd

8.2.2 Psychotherapeutische Behandlungsmethoden

Psychotherapeutische Behandlungsmethoden finden insbesondere bei leichten bis mittelgradigen Depressionen bzw. bei anhaltenden psychosozialen Problemen Anwendung. Dabei handelt es sich um einen bewussten und geplanten Prozess zur Beeinflussung von Verhaltensstörungen und Leidenszuständen, bei dem das Denken, Handeln und Erleben angesprochen werden (vgl. Schreiber & Schneider, 2005, S. 8-9). Sie können in Einzel- oder Gruppengesprächen, ambulant oder mit stationärem Aufenthalt stattfinden. Je nach Gegebenheit ist der Einbezug von Angehörigen denkbar, die eine Unterstützung bei der Bewältigung bieten können. Darüber hinaus auch dann, wenn sie gar in den Mittelpunkt des depressiven Gedankeninhalts gerückt sind, bspw. bei Beziehungsproblemen in der Familie oder unter Freunden.

Welche Methode sich als geeignet erweist, richtet sich nach dem Verlauf, den Einstellungen und den Bedürfnissen des depressiven Menschen.

Arten möglicher Therapien
- Verhaltenstherapie (vgl. Dolan, 2006, S. 18)

- o durch Aktivität gelangt der Betroffene zu positiven Erlebnissen, die eine depressive Stimmung aufhellen können
- o in bspw. Rollenspielen und Selbstsicherheitstraining werden neue Verhaltensmuster erlernt, die dazu verhelfen, schwierige Situation zu durchstehen
- Kognitive Therapie (vgl. Dolan, 2006, S. 18)
  - o durch Aktivität und konstruktiven Sichtweisen werden depressive Denkmuster und Passivität ersetzt
- Interpersonelle Therapie (vgl. Dolan, 2006, S. 18)
  - o Aufarbeitung von Belastungssituationen

Ambulante / stationäre Therapie

Leichte Depressionen werden mehrheitlich ambulant behandelt. Doch auch wenn eine ambulante Therapie bevorzugt wird, kann sich eine stationäre Therapie empfehlen, um bspw. bei einer schweren Depression zunächst die Voraussetzungen für eine ambulante Behandlung zu schaffen. Das trifft insbesondere dann zu, wenn der Betroffene so instabil ist, dass ggf. gar eine Selbst- oder auch Fremdgefährdung vorliegt (vgl. Schreiber & Schneider, 2005, S. 18).

8.2.3 Weitere mögliche Behandlungsmethoden

- Elektrokrampftherapie (vgl. Baumann, o. J., a)
    - mit Stromimpuls ausgelöster Krampfanfall unter Narkose
    - bei einer schweren Depression, wenn bspw. andere Behandlungsmethoden nicht erfolgreich waren
- paramedizinische Therapien (vgl. Schreiber & Schneider, 2005, S. 17)
    - kreative, ausdrucksfördernde Methoden wie Ergo- und Kunsttherapie, Gestalttherapie
    - körperorientierte Methoden wie Bewegungs- und Physiotherapie, Sport, Entspannung
    - Förderung von alltagsnahen Fähigkeiten durch Arbeitstherapie und in soziale Kompetenzgruppen
- Lichttherapie (vgl. Therapie.de, 2013g)
    - z. B. bei Winterdepression

- Wachtherapie, d. h. therapeutischer Schlafentzug (vgl. Baumann, o. J., b)
  - z. B. bei einem ausgeprägten Morgentief
- Autogenes Training (vgl. IQWiG, o. J.)
  - körperlichen Entspannungsverfahrens, welches auch zu Hause anzuwenden ist und den Heilungsprozess günstig beeinflusst

Die Aufzählung ist keinesfalls vollständig und es hängt von den individuellen Voraussetzungen ab, welche Behandlungsmethode sich als erfolgreich erweist.

8.2.4 Anwendbarkeit

Auch wenn es verschiedene Behandlungsmethoden gibt, die wiederum auf die individuellen Gegebenheiten zugeschnitten sind, beschreibt Dolan folgende typisches Anwendungsszenario (vgl. Dolan, 2006, S. 19):

- bei einer leichten und mittelgradigen Depression:
    - Psychotherapie
- bei einer schwere Depression:
    - Kombination aus Psychotherapie und Medikamenten
- bei der Erhaltung sowie nach Abklingen der akuten depressiven Episode
    - Psychotherapie

Oft wird darüber hinaus von Therapeuten das Führen eines Tagesbuches empfohlen.

8.2.4.1 Im Zusammenhang mit Bindungsunsicherheit

Aus einer unsicheren Bindung kann sich eine Unsicherheit entwickeln, die u. a. mit einer erhöhten Trennungsangst/ erhöhte Abhängigkeit sowie dem beharrliche Versuch der Schadensvermeidung verbunden ist (vgl. Schauenberg, 2012, S. 10). So ist es auch nicht verwunderlich, dass eine Bindungsunsicherheit die Erkrankung an einer Depressionen begünstigen kann (vgl. Schauenberg, 2012, S. 4, 9). Doch nicht jeder reagiert gleich und verarbeitet ähnlich. Entsprechend differenziert sind die therapeutischen Ziele zu betrachten (vgl. Schauenberg, 2012, S. 11-12):

depressiv-vermeidend
- Merkmal: abweisend, kritisch, bagatellisierend, ggf. kontrollierend
- Ziel: Bedürftigkeit akzeptieren, Fähigkeit Nähe zu genießen
- Vorgehen: mehr Aktivität, eigenes Vorgehen erklären, Angst vor Nähe, Angewiesenheit, Kontrollverlust respektieren

depressiv-ambivalent (abhängig)

- Merkmal: anklammernd, fordernd, ängstlich
- Ziel: Fähigkeit eine zeitweilige Distanz als Bereicherung zu erleben
- Vorgehen: Vermeidung von Überengagement oder Zurückweisung, stützen und fordern

selbstkritisch / introjektiv (ängstlich und vermeidend möglich)

- Merkmal: teilweise entwertend, pseudounabhängig
- Ziel: Fähigkeit Unvollkommenheit und Unsicherheit zu tolerieren
- Vorgehen: Konzentration auf gute therapeutische Beziehung, vorsichtige Anerkennung, therapeutischer Selbstschutz wichtig

8.3 Hürden für eine erfolgreiche Behandlung

Auch wenn eine Depression behandelbar ist, kann es ein weiter Weg sein, bis der Betroffene die Notwendigkeit einsieht, eine Therapie wahrzunehmen. Dabei können folgende Punkte eine Rolle spielen:

- Der Betroffene sieht die erlittene Depression nicht als behandlungswürdige Erkrankung an. Er steigert sich hinein, dass die Ursache sein ganz persönliches Versagen ist.
- Depressive Menschen empfinden eine Sinnleere. Dadurch haben sie Schwierigkeiten, sich alltäglichen Aufgaben zu stellen, somit auch vereinbarte Gesprächstermine wahrzunehmen und Medikamente zeitgerechnet einzunehmen. Eine nahestehende Person kann hier unterstützend wirken, eine Struktur zu gewinnen, Termine einzuhalten und bspw. etwas gemeinsam zu unternehmen.
- Viele haben generelle Vorbehalte gegenüber der Einnahme von Medikamenten, verursacht aus der Angst vor Nebenwirkungen und möglichen Beeinträchtigungen.

- Dem Erkrankten fehlt möglicherweise die Einsicht in den Nutzen, über Monate oder Jahre regelmäßig psychotherapeutische Termine wahrzunehmen bzw. Medikamente einzunehmen (Langzeittherapie). Das ist insbesondere dann der Fall, wenn er sich bereits besser fühlt, doch tatsächlich noch keine vollständige Genesung vorliegt.
- Nicht selten sind wir gehemmt, uns einer Person anzuvertrauen, insbesondere wenn es um unser Seelenleben geht. Dadurch treten wir lieber den Rückzug an, als dass wir etwas von uns preisgeben. Das kann jedoch unweigerlich zu Fehlinterpretation innerhalb des Umfeldes führen (will nichts mehr mit mir zu tun haben). Missverständnisse können damit provoziert werden und der Kontakt möglicherweise gar abbrechen. Bei einem depressiven Menschen kann das zu einer Verschlimmerung der Symptome und damit des Krankheitsbildes führen.
-

Tagebuchauszug: Die Angst, dich zu verlieren

Ich war wie vor den Kopf geschlagen, als du eines Tages unvermittelt gingst. Es hat sich nicht angedeutet, für mich zumindest nicht. Ich war traurig, doch das Leben gelang auch ohne dich. Ich suchte mir neue Hobbys, besuchte sogar ein Kurs in Seidenmalerei. Alles, was ich nicht konnte, weil du es albern fandst. Es ging mir wieder richtig gut. Und dann kam der Tag, an dem du wieder vor der Tür standst und mit dir kam die unendlich große Angst, dich ein zweites Mal zu verlieren.

9 Leben mit Depression

- Negatives Selbstbild
- Negative Sicht auf die Umwelt
- Negative Zukunftserwartung

Nicht nur für den depressiven Menschen, auch für sein Umfeld stellt die Krankheit eine einschneidende Zeit dar. Das Leben wird künftig von therapeutischen Maßnahmen bestimmt, soziale Kontakte verändern sich. Das sagt sich so, als wäre es leicht zu akzeptieren. Doch was heißt es wirklich - ein Leben mit Depression?

Fühlen wir uns traurig, sind wir gegenüber unseren Freunden nicht selten der Meinung, dass wir ihnen schlichtweg auf die Nerven gehen könnten. Aus diesem Grund sind wir beinahe versucht, ihnen auszuweichen, obgleich wir gerade, wenn es uns schlecht geht, ihre Nähe bräuchten. Natürlich ist der Gedanke an und für sich abwegig. Denn entweder sagen sie tatsächlich, dass wir ihnen mit unseren Problemen zur Last fallen, dann sind sie unsere Freundschaft nicht wert oder aber, sie sagen es nicht und haben dann auch kein Problem, sich uns und unserer Sorgen anzunehmen. Freunde sind auch dazu da, und wir haben das Recht, ihre Freundschaft nicht nur einzufordern, wenn es uns gut geht, sondern auch und insbesondere, wenn es uns schlecht geht. Und seien wir doch mal ehrlich, wir sind doch bestimmt auch schon für die Nöte der Freunde dagewesen, oder? Und das wissen unsere Freunde ebenso.

Das Umfeld reagiert sehr unterschiedlich auf die Veränderung des Betroffenen. Unverständnis aus Unwissenheit ist nur ein Grund, wesentlich schwerer wiegt, dass sich alle Beteiligte in einer hilflosen Situation befinden, die durchaus sogar zu einem Teufelskreis führen können. Betroffene wissen oft selbst nicht, was mit ihnen los ist, erwarten insgeheim Verständnis vom Partner. Es gelingt ihm jedoch gar nicht, unsere veränderten Reaktionen einzuschätzen, er weiß nur, dass sich alles Vertraute ändert. Stehen beide vor der Diagnose Depression, wird sein Leben sogar sehr unbequem. Doch wir sind nicht dafür da, unserem Partner ständig ein bequemes Leben zu bereiten. Eine Belastungsprobe für die Partnerschaft, die auch in der Erkenntnis enden kann, dass diese nicht wirklich funktioniert. Beim Betroffenen kommen erneut Schuldgefühle auf und das verminderte Selbstwertgefühl sinkt noch mehr. Doch um es nochmals in aller Deutlichkeit zu sagen: Der Betroffene hat keine Schuld!

Erkranken wir an einer Depression, macht uns niemand die Welt wieder heil. Wir müssen es selbst tun und noch zusätzlich mit all unseren Ängsten, Sorgen, Schlafstörungen, auch körperlichen Schmerzen zurechtkommen. Uns hilft niemand und wirklich verstehen kann uns auch keiner. Wirklich nicht? Tatsächlich ist es so, dass uns das

Leben niemand abnimmt. Und Leben ist nicht nur Sonnenschein, sondern kann auch verdammt weh tun. Nur, auch wenn es uns in dieser bestimmten Situation nicht so scheint, es geht jedem so. Und so allein sind wir nicht. Wir haben Anspruch darauf, glücklich zu sein und dürfen das Recht darauf auch einfordern. Das heißt, unsere Freunde / Partner haben uns zu ertragen, der Arzt da zu sein, der Psychologe hat uns zuzuhören. In dem Sinne dürfen wir mit Unterstützung rechnen. Natürlich gibt es Broschüren, sie sind gut und richtig, doch können sie kaum ein Gespräch ersetzen und das sollen sie auch nicht. Wir sollten auch keinesfalls auf die Idee kommen, dass nach dem Lesen einer Broschüre alles wieder in Ordnung ist, eine Depression quasi im Selbststudium zu heilen. Die bittere Realität holt uns ein und erwischt uns doppelt hart.

Zunächst müssen wir uns davon entfernen, uns vom Leben bestraft zu fühlen und einzusehen, dass es nicht an dem ist, sondern wir an einer Depression erkrankt sind. Das klingt wie ein Horrorszenario und ist derweil eine ganz normale Krankheit. Wir sind normal krank. Punkt. Auch wenn wir der Meinung sind, kurz vor dem durchdrehen zu sein, wir werden nicht durchdrehen. Und auch wenn uns Mitmenschen anderes einreden wollen, wir haben sehr wohl noch alle Tassen im Schrank. Tatsächlich machte man früher keine Unterscheidungen, doch ist man inzwischen mit der Forschung weiter, doch nicht unbedingt mit dem Aufräumen antiquierter Vorstellungen. Wir müssen akzeptieren, dass wir an einer heilbaren, doch durchaus schwerwiegenden Krankheit leiden, mit unangenehmen Begleiterscheinungen und dem Umstand, nicht immer von unseren Mitmenschen als krank anerkannt zu sein. Uns ereilen Ratschläge, dass mit gutem Willen alles geht und das Vorurteil, dass wir nur keine Lust haben. Wir wissen es besser und wir brauchen unsere letzte verbliebene Kraft, die wir nicht darin verschwenden sollten, mit Macht den ungläubigen Mitmenschen davon zu überzeugen, dass wir auch tatsächlich krank sind. Sie werden ihre Meinung behalten und wir desillusioniert sein. Tun wir uns das also nicht auch noch an, auf uns wartet genug.

9.1 Selbstbild eines depressiven Menschen

Sind wir an einer Depression erkrankt, verändert sich auch unser Selbstbild. Kleine Tiefschläge, die wir zuvor noch locker weggesteckt hätten, nehmen uns plötzlich sämtliche Zuversicht. Wir befinden uns in einem Teufelskreis. Uns geht es schlichtweg schlecht. Nichts läuft mehr so, wie wir es uns wünschen. Wir fühlen uns Aufgaben nicht mehr gewachsen oder denken, dass andere der Meinung sein könnten. Daraus ergibt sich unter Umständen eine übersteigerte Erwartung an uns selbst, der wir gar nicht gerecht werden können. Uns plagen eh schon Versagensängste und das kommt nun noch hinzu. Es stört uns plötzlich ungemein, dass einzelne Menschen uns nicht akzeptieren so wie wir sind. Das macht uns regelrecht unglücklich, ebenso wie Misserfolge. Wir können uns nicht mal daran erfreuen, dass wir Freunde haben, die zu uns stehen und uns mögen, denn wir können es ihnen nur noch schwer glauben, mindestens dann nicht, wenn sie zu dem einen oder anderen Thema eine andere Meinung wie wir haben. Und so sehr wie wir an einer nahestehenden Person hängen, können wir mit ihren Verlust oder auch nur geglaubten Verlust nicht umgehen. Ein weiteres Leben ohne sie ist nicht vorstellbar. Unsere Gefühle werden für uns selbst nicht mehr kontrollierbar, nicht mehr steuerbar. Kurz vor der Selbstaufgabe meldet sich die Angst vor uns selbst.

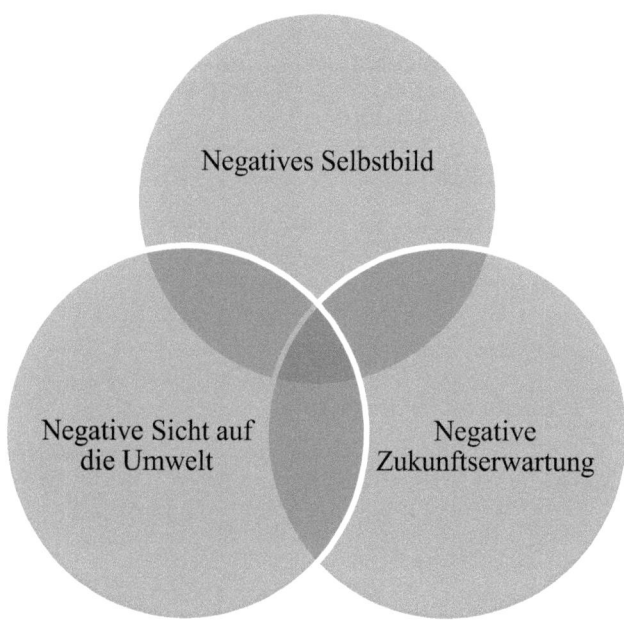

Abb. 4: Kognitive Triade (vgl. Pfeifer, 2008)

9.2 Depressive Denkfehler

Im Zusammenhang mit der Erkrankung gelingt uns sogar, von depressiven Denkfehlern zu sprechen. Pfeifer (vgl. 2008) fasst diese wie folgt zusammen:

- Kurzschlussdenken
- Verallgemeinerung
- Tunnelblick
- Personalisierung
- Sollte-Tyrannei
- Schwarz-Weiss-Denken
- Emotionale Begründung

9.3 Folgen einer Depression

Eine Depression kann sowohl für den depressiven Menschen gravierende Beeinträchtigungen im Privat- und Berufsleben mit sich bringen. Auch bei seinen Angehörigen und Freunden wird die Erkrankung Spuren hinterlassen.

- Verlust des vertrauten Zusammenlebens des depressiven Menschen und seinen Angehörigen / Freunden
- empfundenes Leid (und Schmerzen), die seitens des depressiven Menschen ertragen werden müssen
- Schmerz der Angehörigen / Freunde, den depressiven Menschen leiden zu sehen und dennoch abgewiesen zu werden, möglicherweise gar den Verlust des geliebten Menschen akzeptieren zu müssen, wenn dieser Selbstmord begeht
- Kosten für Gesundheitswesen und Arbeitgeber auf Grund einer langfristigen Behandlungsnotwendigkeit des depressiven Menschen und damit verbunden auch Leistungsausfall
- ...

Vergegenwärtigen wir uns nochmals die Symptome wird schnell ersichtlich, wie weitreichend eine Depression Einfluss auf unser Privat- und Berufsleben nimmt.

So hindern uns bspw. Ängste und Selbstzweifel freundschaftliche Beziehungen zu pflegen. Unsere Euphorie ist nicht mehr lang anhaltend, wir verkriechen uns lieber im Bett und Heulen, oft nicht wissend warum. Das macht den Umgang mit uns nicht unbedingt leichter. Doch wir müssen uns bereits zu Tätigkeiten zwingen, die uns noch vor einiger Zeit Freude bereiteten. Es bleibt nicht aus, dass darunter früher oder später auch das Berufsleben leidet.

Letztlich - uns fällt es schwer, die Krankheit zu akzeptieren und unserem Umfeld geht es möglicherweise ebenso. Entweder, weil sie es als beschämend empfinden oder es nicht wahrhaben wollen und schon gar nicht wissen, wie sie mit uns nun umgehen sollen. Wir wissen es doch selbst nicht, würden sagen "normal" und empfinden alles andere.

9.4 Vom Suizidplan bis zum Selbstmord

Wenn wir vor einer schwierigen Situation stehen, sie scheinbar nicht bewältigen, suchen wir einen Ausweg. Dieser kann in einem guten Essen oder in einer Aktivität mit Freunden bestehen. Hilft jedoch nichts, suchen wir nach weiteren Möglichkeiten, diesen inneren Konflikt, das vermeidliche Leid zu kompensieren, vielleicht mit Unmengen an Schokolade oder aber in Schlaftabletten, um überhaupt mal wieder zu schlafen, mit Alkohol oder auch mit Drogen. Und wenn wir das Leben nur noch als unerträglich empfinden? Wenn wir suchen und suchen, doch nicht mehr finden? Es ist nicht selten, dass sich für einen depressiven Menschen der eigene Suizid als mögliche Lösungsoption darstellt, mitunter als die einzige. Und es ist ein Irrglaube zu meinen, jemand der von einem Selbstmord spricht, würde keine konkrete Absicht haben. Insofern sollte man generell wachsam sein, wenn jemand Anzeichen hat oder es gar erwähnt, dass er "nicht mehr kann" und "mit dem Leben Schluss machen will". Denn allein dieses zeigt bereits, dass der Mensch unglücklich in seiner gegenwärtigen Situation ist, er sich von seiner Umwelt überfordert oder auch im Stich gelassen fühlt. Oft helfen vertrauensvolle Gespräche mit einer nahestehenden

Person oder einem Arzt, um den depressiven Menschen zumindest den vorübergehenden Mut zum Weiterleben verleihen. Und wenn nicht? Dann ist eine Behandlung nicht mehr aufschiebbar. Nun kann es durchaus sein, dass man einfach nicht die richtigen Worte findet oder es sie auch gar nicht gibt und der depressive Mensch jeden Vorschlag, sich professioneller Hilfe zu unterziehen, nur noch als persönlichen Angriff, gar als Kränkung empfindet. Es geht ihm schlecht und wir haben kein Verständnis, wollen seine Probleme nicht hören oder unterstellen ihm gar, dass er nicht zurechnungsfähig sei. So sehr er wollte, kann er in dem Augenblick keine andere Sichtweise annehmen. Wichtig ist dann, sich nicht zurückzuziehen bzw. tatenlos zuzusehen. Besteht ernsthaft die Gefahr für das Leben des Betroffen (oder auch für die anderer), kann im Ausnahmefall auch eine Zwangseinweisung erfolgen. So sehr wie es unvorstellbar und auch als Vertrauensbruch klingt, es ist in dem Augenblick die scheinbar einzige Möglichkeit, dem depressiven Menschen zu helfen.

Wenn der Betroffene akut selbstmordgefährdet ist und Angehörige / Freunde auch nicht mit Gesprächen helfen können:

- Situation ernst nehmen
- im Gespräch Zuversicht vermitteln
- Notarzt / Polizei verständigen

und den Betroffenen nicht allein lassen, bis Hilfe eintritt.

9.5 Was kann man tun?

Bemerken wir an uns ein langanhaltendes Stimmungstief, sind wir nur noch traurig, erschöpft, unruhig, so dass wir selbst nicht mehr wissen, wo mit uns hin, sollten wir dringend das Gespräch suchen. Das kann zunächst eine nahestehende Person sein oder aber auch der Arzt, der uns nicht kennt und uns zuhören muss. Keinesfalls dürfen wir uns die Schuld geben, Hilfe zu benötigen, denn wir haben keine Schuld. Möglicherweise fühlen wir uns erleichtert, wenn uns die nahestehende Person beim Gang zum Arzt begleitet. Wir haben einen Menschen an unserer Seite, der uns Sicherheit gibt, andererseits kann er helfen, gegenüber dem Arzt die veränderte Stimmung zu beschreiben. So sehr er sich mit uns verbunden fühlt, er hat noch immer eine objektiverere Sicht als wir. Zudem ist es ja auch immer so eine Sache mit der Selbst- und Fremdwahrnehmung. In jedem Fall sollten wir dazu kommen, uns mit unserer Krankheit zu akzeptieren. Es bleibt uns auch nichts anderes übrig. Für eine erfolgreiche Genesung ist es unabdingbar, die angebotenen Behandlungsformen ernst zu nehmen und gewissenhaft durchzuführen. Fühlen wir uns nicht dazu in der Lage, sollten wir die Scham ablegen und bei der nahestehenden Person um Hilfe bitten.

Sie kann uns motivieren, Therapiestunden wahrzunehmen und Medikamente regelmäßig einzunehmen. Sie kann es zumindest versuchen und wird es auch. Kleine erreichbare Ziele geben uns selbst wieder die Motivation, diese erreichen zu wollen. Wir aktivieren uns selbst und Bewegung in jeglicher Hinsicht ist ein guter Weg aus der Passivität herauszukommen. Wir nehmen wieder am Leben teil, wenngleich sicher noch nicht in dem Maße wie es zuvor gewesen ist. Doch es drängt uns niemand und die Dosis bestimmen wir. Es ist wichtig, dass wir uns mitteilen. Neben Therapiesitzung werden uns Gespräche und Aktivitäten mit nahestehenden Personen sehr gut tun. Möglicherweise entwickeln wir auch den Wunsch, mit Menschen zu reden, die sich in einer ähnlichen Situation befinden. Selbsthilfegruppen gibt es beinahe flächendeckend (vgl. ÄZQ, 2011). Wir sind keinesfalls allein.

Tagebuchauszug: Immer wieder ich

Es war Vorweihnachtszeit und mir war auch danach. Ich schlenderte über den Weihnachtsmarkt, ließ mich verführen vom Duft der gebrannten Mandeln, heißen Maronen und Glühwein. Mir ging es endlich wieder richtig gut.

Mit dieser Stimmung machte ich mich auf den Weg, ein paar Kleinigkeiten für meine Lieben zu besorgen. Schließlich nahten die Festtage mit ganz großen Schritten. Im Kaufhaus ging ich von Etage zu Etage. Es sollten die perfekten Geschenke werden. Welche, das ausdrückten, was ich für sie empfand, meine Liebe und Dank, dass es sie gibt und mit mir eine schwere Zeit durchgestanden haben. Be-

packt mit allerlei und noch einer Rolle Geschenkpapier unter dem Arm ging ich zur Kasse. Ich war glücklich und stellte mir meine Lieben vor, wie sie sich freuen werden. Voller Stolz gab ich die kleinen Dinge der Verkäuferin. Beim Preise eintippen sagte sie zu mir: "Da wird sich aber jemand ganz bestimmt freuen." Ich lächelte und meinte "Ja, ich weiß".

Während dessen griff ich in meine Tasche und wollte das Portemonnaie herausholen. Es war nicht da. Ich suchte wie wild die ganze Taschen durch, schüttete sie aus. Die Verkäuferin bemerkte was los ist, wollte mich beruhigen, meinte, vielleicht hätte ich es auch in die Jackentasche gesteckt. Ich fuhr sie an, dass ich so blöd nun auch nicht bin, aber es schon klar sei, dass sie mich für bescheuert hält, macht ja jeder so.

Es wurde zur Gewissheit, man hatte mich beklaut. Das ganze Geld, alle Karten, der Ausweis, alles weg.

Warum verdammt nochmal immer ich? Bin ich denn so ein schlechter Mensch? Vermutlich. Es wird schon seinen Grund haben, warum mich keiner lieb hat und immer nur mir Scheiße passiert. Irgendwer sagte noch, ich soll das nicht so tragisch nehmen, gerade auf den Weihnachtsmärkten gebe es unglaublich viele Taschendiebstähle. Was gehen mich die anderen an? Mich hat man beklaut. Es war eh eine scheiß Idee, irgendwelche Geschenke zu kaufen, freut sich ja doch keiner darüber. Kommt ja nur von mir. Ich hasse Weihnachten. Ist doch alles sowas von verlogen. Aber nicht mehr mit mir.

Ich will das nicht mehr. Nach mir würde doch eh keiner fragen.

10 Der Umgang mit einem Depressiven

- Dasein
- Miteinander reden
- Zuhören
- Hilfe in Anspruch nehmen

Dasein
- Beständigkeit zeigen, doch sich selbst nicht aufgeben
- zu gemeinsamen Aktivitäten ermutigen, nicht überfordern
- Unterstützung anbieten, Verständnis zeigen
- zu Arzt- / Therapiebesuchen begleiten
- Erkrankung ernst nehmen, nicht dramatisieren
- Zurückweisung nicht als Kränkung empfinden

Miteinander reden
- keine Gegenargumente, keine Vorwürfe
- Zuversicht und Heilungschancen vermitteln
- Zurückhaltung in Ratschlägen
- keine Tabuisierung von Suizidgedanken

Zuhören
- Geduld zeigen und haben
- den Betroffenen als Mensch ernst nehmen

Hilfe in Anspruch nehmen
- für den Betroffenen
- für sich selbst als Angehöriger / Freund

Abb. 5: Empfehlung für Angehörige

Es wäre schön, doch nicht richtig, würden wir den Umgang mit einem Depressiven als ein leichtes Unterfangen darstellen. Das ist es ganz und gar nicht.

Der Erkrankte ist auf der Suche. Er wird nicht unmittelbar geneigt sein, sein Herz an andere auszuschütten, so nah diese ihm auch immer stehen mögen. Das kann durchaus sehr verletzend sein. Doch es ist längst nicht so gemeint. Es scheint, als ob er einfach nicht sehen möchte, wie gut man es meint. Er sieht es im dem Augenblick auch nicht. Doch es ist sehr wichtig, dem Betroffenen genau in dem Augenblick zu zeigen, dass er mit Beständigkeit rechnen kann. Dass er sich jederzeit mitteilen kann und nicht verurteilt wird. Das kann zu einer Nervenzerreißprobe führen. Doch es ist so wichtig für den Betroffenen stark zu bleiben, doch auch eigene Grenzen zu erkennen. Deshalb ist jedem Angehörigen, ganz gleich ob Familie oder Freund angeraten, wachsam zu bleiben und auf die Symptome des Betroffenen, doch auch auf die eigenen zu achten. Letztlich kann es passieren, dass einem das "Dasein" für den depressiven Menschen am Rande der eigenen Kräfte bringt. Nicht ohne Grund gibt es auch für Angehörige von an Depression Erkrankte Beratungsangebote. Es ist keine Schande, sie in Anspruch zu nehmen, im eigenen und im Interesse des Betroffenen.

Das heißt, Angehörige sollen Verständnis aufbringen, aber kein Mitleid. Denn wir brauchen in der Situation kein Mitleid, wir wollen uns mitteilen und nicht bedauert werden. Dass die Situation schlimm und ausweglos erscheint, haben wir ja nun schon begriffen...

Natürlich hängt es von uns ab, wie schnell wir tatsächlich unsere Krankheit überwinden, hängt aber eben auch von unseren Mitmenschen ab. Und wenn wir mühselig Vertrauen zu unserem Psychologen gefasst haben, uns über eine Kleinigkeit freuen, dann ist es eben nicht gerade förderlich, wenn sich unser Partner als purer Seelentrampel aufführt, unsere kleinen Fortschritte nicht zu schätzen weiß, alles schlecht redet und nur Forderungen aufstellt. Wir haben das Recht darauf gesund zu werden, mit oder ohne den Partner, dessen sollte sich jeder Angehörige bewusst sein.

Als Angehöriger wie als Freund sollte man der Krankheit des Betroffenen gegenüber aufgeschlossen sein, viel mit ihm reden, doch keinesfalls gegen ihn argumentieren. Man vermag ohnedies nicht die momentanen Wahnideen des Depressiven zu korrigieren. In jedem Fall ist der Betroffene jedoch als Mensch ernst zu nehmen. Es ist auch durchaus richtig, Gedanken und Befürchtungen gegenüber dem Betroffenen zu äußern. Und so ist es auch legitim, dass der Angehörige / Freund den ersten Schritt auf den Betroffenen zu geht und das vertrauensvolle Gespräch sucht. Doch Vorwürfe sind fehl am Platz. Denn es ist für den Depressiven keine Frage des Willens. Er kann nicht. Vor dem Hintergrund sollte der Angehörigen / Freund den Mut haben, die belastende Herausforderung anzunehmen, den Betroffenen bei der Überwindung seiner Krankheit zu helfen, indem sie den Betroffenen nicht mit seinem Schicksal allein lassen, sondern unterstützen, selbst bei alltäglichen Aufgaben, die ihm momentan schwer fallen, ihn zur regelmäßigen Therapieteilnahme und Medikamenteneinnahme ermutigen und so oft wie möglich auch begleiten. Denn der Betroffene fühlt sich hilflos und allein. Doch auch einer Ablehnung der gut gemeinten Hilfsangebote sollte respektiert werden. Und letztlich wird es eine der größten Herausforderungen bleiben, den Zugang zu dem Betroffenen zu finden, ihm trotz Ablehnungen eine Beständigkeit zu vermitteln.

Tagebuchauszug: Wir hatten doch noch Pläne

Als mich dein Mail erreichte, du mir schriebst, dass du nicht mehr kannst, mit dem Auto gegen die Mauer fahren möchtest, ahnte ich schrecklichstes. Ja, man sagt, dass diejenigen, die darüber sprechen, sich nicht wirklich umbringen. Doch das beruhigte mich keinesfalls. Ich hatte ein so ungutes Gefühl. Da war schon lange der Stress auf Arbeit und du hattest dich in letzter Zeit von jedem, auch von mir so unverstanden gefühlt. So oft sagte ich dir, dass ich für dich da bin, du dich mir anvertrauen kannst. Doch du entgegnetest stets, dass es dir zwar scheiße ginge, aber das schon wieder wird und ich mir keine Sorgen machen soll. Ich habe stets gehofft, du hast recht. Und manchmal schien es doch auch so. Und jetzt? Du gehst nicht ans Telefon. Ich antwortete dir schnell, ich flehte dich an, dass du dir nichts antun und auf mich warten sollst, wenigstens noch einmal sehen, noch einmal reden, noch einmal fühlen. Dann zog ich mich an, fuhr voller Sorge die Strecke entgegen, die du hast nehmen müssen.

– Warum? Warum verdammt noch mal hast du aufgegeben? Ich war doch da und wir hatten doch noch so viele Pläne.

11 Linktipps

Betanet - Suchmaschine für Krankheiten & Soziales.
Link: http://www.betanet.de/betanet/soziales_recht/Depressionen---Behinderung-608.html

BPtK - BundesPsychotherapeutenKammer.
Link: http://www.bptk.de/patienten/psychische-krankheiten/depression.html

Depression: Ein Angebot für Betroffene und ihre Angehörige. Link: http://www.depression.ch/

Faust, V.: Psychosoziale Gesundheit: Seelische Störungen erkennen, verstehen, verhindern, behandeln.
Link: http://www.psychosoziale-gesundheit.net/

Netzwerk Psychosomatik Österreich.
Link: http://www.netzwerk-psychosomatik.at/content/patienteninformation/uebersicht.php

Psychinfo: Psychotherapeuten finden.
Link: http://www.psych-info.de/

Ratgeber Depression.
Link: http://www.depressionen-portal.de/

Stiftung Deutsche Depressionshilfe.
> Link: http://www.deutsche-depressionshilfe.de/?r=p

www.angst-panik-depression.de - Das Selbsthilfeforum.
> Link: www.angst-panik-depression.de

www.depression-therapie-forschung.de
> Link: http://www.depression-therapie-forschung.de/

12 Adressen und Links

NAKOS Nationale Kontakt- und Informationsstelle zur Anregung und Unterstützung von Selbsthilfegruppen
Wilmersdorfer Straße 39, 10627 Berlin
Link: www.nakos.de
eMail: selbsthilfe@nakos.de

Psychiatrienetz – Bundesverband der Angehörigen psychisch Kranker (BApK)
Oppelner Straße 130, 53111 Bonn
Link: www.bapk.de
eMail: bapk@psychiatrie.de

Psychotherapie-Informations-Dienst (PID)
Am Köllnischen Park 2, 10179 Berlin
Link: www.psychotherapiesuche.de
eMail: pid@dpabdp.de

Literaturverzeichnis

ÄZQ (2011). *Patienteninformation: Depression: Einfach nur traurig - oder depressiv?* Ärztliches Zentrum für Qualität in der Medizin, gemeinsames Institut von BÄK und KBV, Berlin, Januar 2011.

Baumann, P. (o. J. a). *Elektrokrampftherapie.* Abgerufen am 06.12.2013 von http://www.info-depressionen.de/therapie/Elektrokrampftherapie.htm

Baumann, P. (o. J. b). *Schlafentzug - Wachtherapie.* Abgerufen am 06.12.2013 von http://www.info-depressionen.de/therapie/Schlafentzug.htm

BMBF (2013). *Depression: Schatten auf der Seele.* Abgerufen am 11.08.2013 von http://www.gesundheitsforschung-bmbf.de/de/depression-schatten-auf-der-seele.php

Destatis (2012). *Einwohnerzahl Deutschlands im Jahr 2011 erstmals seit 2002 wieder gestiegen.* Abgerufen am 11.08.2013 von https://www.destatis.de/DE/PresseService/Presse/Pressemitteilungen/2012/07/PD12_255_12411.html

Dolan, K. (2006). *Depressionen*. Vortrag anlässlich des 5jährigen Bestehens der Psychiatrischen Tagesklinik in der Westküstenklinik Brunsbüttel.

Hautzinger, M. (2006). *Ratgeber Depression: Informationen für Betroffene und Angehörige*. Göttingen: Hogrefe.

Hegerl, U. (2011). *Eine Depression auch Depression nennen!* Abgerufen am 11.08.2013 von http://www.forschung-fuer-unsere-gesundheit.de/gesundheitsforschung/neurologische-psychiatrische-erkrankungen/eine-depression-auch-depression-nennen.html

IQWiG (o. J.). *Depressionen: Können Entspannungsverfahren helfen?* Abgerufen am 06.12.2013 von http://www.gesundheitsinformation.de/depressionen-koennen-entspannungsverfahren-helfen.564.de.html

Krollner, B. / Krollner, D. M. (2013). *ICD-Code*. Abgerufen am 06.12.2013 von http://www.icd-code.de/icd/code/F32.1.html

Leucht, S. / Förstl, H. (2012). *Kurzlehrbuch Psychiatrie und Psychotherapie*. Stuttgart: Thieme.

Mehler-Wex, C. (2008). *Depressive Störungen.* Heidelberg: Springer.

Netzwerk Psychosomatik Österreich (o. J.). *WHO-5 Fragebogen zum Wohlbefinden.*
Abgerufen am 27.11.2013 von http://www.netzwerk-psychosomatik.at/content/aerzteinformation/service_links.php

Pfeifer, S. (2008). *Depression – ein Überblick: Depressionen verstehen und bewältigen.*
Abgerufen am 06.08.2013 von http://www.seminare-ps.net/

Sachse, R. (2012). *Wie entstehen Depressionen und was kann man dagegen tun?* Vortrag an der Universität Paderborn.

Schauenburg, H. (2012). *Depressive Erkrankungen – ein Ausdruck von Bindungsunsicherheit?* Heidelberg: Klinik für Allgemeine Innere Medizin und Psychosomatik.

Schreiber, M. / Schneider, R. (2005). *Psychotherapie bei Depressionen: Wann ambulant, wann stationär?* Düsseldorf: Krankenhaus Elbroich / Heinrich-Heine-Universität Düsseldorf.

Therapie.de (2013a). *Antidepressiva.*
Abgerufen am 06.12.2013 von
http://www.therapie.de/psyche/info/glossar/psychopharmaka/antidepressiva/

Therapie.de (2013b). *Neuroleptika.*
Abgerufen am 06.12.2013 von
http://www.therapie.de/psyche/info/glossar/psychopharmaka/neuroleptika/

Therapie.de (2013c). *Stimmungsstabilisierer.*
Abgerufen am 06.12.2013 von
http://www.therapie.de/psyche/info/glossar/psychopharmaka/stimmungsstabilisierer/

Therapie.de (2013d). *Beruhigungsmittel.*
Abgerufen am 06.12.2013 von
http://www.therapie.de/psyche/info/glossar/psychopharmaka/beruhigungsmittel/

Therapie.de (2013e). *Schlafmittel.*
Abgerufen am 06.12.2013 von
http://www.therapie.de/psyche/info/glossar/psychopharmaka/schlafmittel/

Therapie.de (2013f). *Psychostimulanzien.*
Abgerufen am 06.12.2013 von
http://www.therapie.de/psyche/info/glossar/psychopharmaka/psychostimulanzien/

Therapie.de (2013g). *Winterdepression - Was kann man dagegen tun?*
Abgerufen am 06.12.2013 von
http://www.therapie.de/psyche/info/diagnose/winterdepression/therapie-behandlung/

Voll, Horst (2005). *Der Weg aus der Depression.* Hamburg: Mein Buch.

Wewetzer, Hartmut (2009). *Tödliche Traurigkeit.*
Abgerufen am 26.09.2013 von
http://www.zeit.de/wissen/2009-11/depressionen-enke

WHO (o. J.). *Definition einer Depression.*
Abgerufen am 26.09.2013 von
http://www.euro.who.int/de/what-we-do/health-topics/noncommunicable-diseases/mental-health/news/news/2012/10/depression-in-europe/depression-definition

WIDGE.de (2013). *Depressionen: Zweithäufigste Ursache für Arbeitsunfähigkeit.*
Abgerufen am 26.09.2013 von
http://widge.de/news/depressionen-zweithaeufigste-ursache-fuer-arbeitsunfaehigkeit.htm

Abbildungsverzeichnis

Abb.1: Hauptsymptome einer Depression	57
Abb. 2: Betroffene Symptombereiche	59
Abb. 3: Ganzheitliche Betrachtung der Behandlung einer Depression	101
Abb. 4: Kognitive Triade (vgl. Pfeifer, 2008)	127
Abb. 5: Empfehlung für Angehörige	144

Tabellenverzeichnis

Tab. 1: WHO-5 Fragebogen zum Wohlbefinden	92